ECON Ratgeber
Lebenshilfe

Alfred J. Bierach

Sag's diplomatischer

Der Ton macht die Musik

ETB
ECON Taschenbuch Verlag

CIP-Kurztitelaufnahme der Deutschen Bibliothek

Bierach, Alfred J.:
Sag's diplomatischer: d. Ton macht d. Musik/
Alfred J. Bierach.
Orig.-Ausg. – Düsseldorf: ECON Taschenbuch Verlag, 1987.
(ETB; 20290: ECON Ratgeber: Lebenshilfe)
ISBN 3-612-20290-1

Originalausgabe

© ECON Taschenbuch Verlag GmbH, Düsseldorf
Mai 1987
Umschlagentwurf: Ludwig Kaiser
Titelfoto: Photo-Design-Studio Gerhard Burock
Die Ratschläge in diesem Buch sind von Autor und Verlag sorgfältig erwogen
und geprüft; dennoch kann eine Garantie nicht übernommen werden. Eine Haf-
tung des Autors bzw. des Verlags und seiner Beauftragten für Personen-, Sach-
und Vermögensschäden ist ausgeschlossen.
Satz: Formsatz GmbH, Diepholz
Druck und Bindearbeiten: Ebner Ulm
Printed in Germany
ISBN 3-612-20290-1

Inhaltsverzeichnis

Das Gespräch als Vergnügen

Von wenigen Ausnahmen abgesehen, macht eine Tätigkeit um so mehr Spaß, wenn sie nicht Arbeit und Pflicht bedeutet. Beispielsweise: zum Vergnügen plaudern. Was macht den Reiz eines Gesprächs aus? Ich zähle wahllos auf:
- Neues zu erfahren,
- keine Sekunde sicher zu sein vor Überraschungen und neuen Wendungen im Gespräch,
- sich selbst darstellen zu können,
- andere zu erleben,
- sich mit ihnen zu freuen,
- mit ihnen zu lachen,
- mit ihnen Ideen, Gefühle, Vermutungen, Gewißheiten auszutauschen,
- Gleichdenkende zu treffen,
- akzeptiert, anerkannt, bewundert, vielleicht sogar geliebt zu werden,
- sich in Gesellschaft liebenswerter Menschen zu befinden,
- den Alltag und die Sorgen zu vergessen.

Einige, wenige Male werden auch Sie schon Gespräche erlebt haben, bei denen Sie sich weit über Ihrer Normalform gefühlt haben, ähnlich einem Erfinder in der Stunde eines Geistesblitzes, einem Dichter oder Musiker im Fieber der Eingebungen, einem Sieger, dem nach Jahren der Anstrengung der Triumph zuteil wird, dem Liebenden, der sein Leben lang ein Traumbild gesucht und nun plötzlich gefunden hat, und schließlich ähnlich einem Weisen, der über irdischen Kleinkram schmunzelt. Vielleicht ergeht es uns dann für Augenblicke wie dem Genie für Stunden und Tage: Wir sehen weiter als sonst, denken umfassender und fühlen intensiver.

Für eine solche Gesprächsatmosphäre bedarf es vieler – geplanter oder zufälliger – Voraussetzungen. Die Zusammensetzung der Gesprächsrunde ist nicht weniger wichtig als Thema, Raum, Zeit, Temperatur, Wohlbefinden und vieles mehr. »Man nehme . . .« – so entstehen keine Stradivari und kein Caruso. Selbst wer die Rezepte eines Bocuse streng befolgt, kann dem König der Köche nicht das Wasser reichen. Doch wird er mehr verwöhnte Gaumen befriedigen, als wenn er ohne Schulung und ohne jegliches Vorbild daraufloskochen und abschmecken würde.

In diesem Sinn soll auch dieses Buch Rezepte bringen, die sich bewährt haben, seit es ein menschliches Anliegen ist, kultiviert, das heißt gepflegt, miteinander auszukommen.

Ich weiß zwar auch keine Rezepte, wie Sie häufig zu Gesprächen kommen, die für Sie zu Sternstunden werden, aber ich habe Tips zusammengetragen, die Ihnen weiterhelfen:

- Gespräche störende Verhaltensweisen vermeiden;
- andere für Sie gewinnen, ohne daß diese Ihre Absicht merken;
- Gespräche, die Ihnen unangenehm werden, in eine andere Richtung steuern oder beenden;
- auf Ihren Wunsch hin Gespräche beginnen, die wahrscheinlich sonst nicht stattgefunden hätten;
- lernen, daß im Gespräch nicht nur das Sprechen Spaß macht, sondern oft noch mehr, das Beobachten, das Analysieren;
- lernen, intelligent vorzugehen, insgesamt also alle Ihre geistigen und charakterlichen Fähigkeiten auszuspielen, wie dies bei keiner zweiten zwischenmenschlichen Aktivität besser möglich ist;
- und schließlich sich selbst bewundern zu können, mit wieviel Gleichmut man Dummes anzuhören gelernt hat, statt Gescheites sagen zu wollen.

Zwei aufschlußreiche Gespräche

Der Hausdiener Michel und die im selben Hotel beschäftigte Küchenhilfe Walburga sitzen an ihrem freien Abend auf einer Bank am Waldrand eines bayerischen Kurorts.

»Seid wann hoast die Blus'n, Wally? Die is gans schee.«

»Die hoab i scho lang.«

»Die hoab i no nia g'seh'ng. Die gfoid ma.«

»Die hoab i scho lang nimmer og'habt.«

»Schad! Die g'fallt ma guad. Schaugt neu aus.«

»Die is aber scho oalt, uroalt.«

»Die steht die guad. Da hoast a scheenc Figur drin! Pfundig!«

»Gäh, sag need sowas Bläd's. Mit meiner Figur is need weid här.«

»Spinnst? Du hoast a guade Figur.«

»Ab'r gäh weid'r, Michel!«

»I kenn woad und broad kei andre, die a beß're Figur hoatt.«

»Und die Marie?«

»Die Marie? Die mit ihrer dick'n Scheib'n und den Quadratlatsch'n?«

»Aber 's G'sicht hat's scheener wie i, die Marie.«

»Die Marie hat doch d' Noas'n fei vui z groaß. Aan richtig'n Zinken! Bei dir, Wally, is oall's, wie's sei muaß. Need z groaß, need z kloa. Grad aso, wie's sei muaß. Aber a oall's!«

Ein geistreiches Gespräch? Wohl kaum. Und trotzdem, da könnte unten im Hotel ein Nobelpreisträger über die allerletzten Entdeckungen seiner Wissenschaft sprechen, er hätte nicht halb so aufmerksame Zuhörer wie Walburga und Michel, wenn sie miteinander reden.

Ohne den geringsten Hintergedanken ist Michel aufgefallen, daß sein Schatz eine Bluse trägt, die er noch nicht gesehen hat. Die Bluse gefällt ihm so gut, daß sie ihm nagelneu erscheint. Michel mag Walburga so sehr, daß er sie kritiklos akzeptiert. Wenn die beiden sich lange genug gekannt haben, wird er vielleicht nicht mehr uneingeschränkt alles an ihr lieben. Aber, später einmal befragt, an welche Zeit seines Lebens er besonders gern zurückdenkt, wird er antworten: »Damals, als i im Hotel die Wally kenneng'lernt hab'.«

Nun, zum Vergleich ein Gespräch mit dem gleichen Thema, aber einem völlig anderen Verlauf. Wir befinden uns jetzt im Luxusappartement von Ehrenkonsul Dr. jur. Haferstroh und Frau Gemahlin, die ihren Urlaub in jenem Hotel genießen, wo Michel Koffer trägt und Walburga Geschirr spült.

»Mit wem sollen wir den Aperitif einnehmen?« fragt Herr Dr. Haferstroh, Vorstandsvorsitzender und Mitglied mehrerer Aufsichtsräte. »Mit Rehschlegel oder Dr. Rehschlegel, ich weiß das nicht so genau. Jedenfalls gehört ihm eine große Privatbank in Liechtenstein.«
»Interessant, interessant!«
»Seine Frau wird dir gefallen, sie ist viel jünger als ich.«
»Du könntest aber auch etwas anderes anziehen, als diesen Fetzen da.«
»Fetzen? Eine nagelneue Bluse!«
»Die ist ja hier ganz ausgefranst.«
»Das ist die neueste Kreation aus Paris.«
»Na, denen fällt auch nur noch Blödsinn ein. Eigentlich haben sie recht. Solange es Verrückte gibt, die so etwas kaufen . . . Und diese Farbe! Ein unmögliches Gelb zu deinem Gesicht. Du gelb, die Bluse gelb! Und dick macht sie dich auch.«
»Immerhin kann ich mich noch ganz gut neben deine Schwester stellen.«
»Deine Beine sind besser, zugegeben! Aber Figur und Gesicht von Mariechen lassen ihre etwas kräftigen Oberschenkel übersehen.«

Vielleicht hatte Dr. Haferstroh in jedem Punkt seiner Ausführungen recht. Aber wie elend mag sich seine Frau gefühlt haben, als sie mit ihrem Mann in die Hotelbar zu den Rehschlegels ging. Lediglich die Beine seiner Frau hatte Dr. Haferstroh – mit Einschränkung – gelten lassen.

Unsicherheit – Geltungsstreben

Schlechte Menschenkenner verteufeln den Geltungstrieb. Wer nach Geltung strebt, sagen sie, verrät, daß er eitel, gefallsüchtig, herrisch oder eingebildet ist. Die Wirklichkeit sieht aber ganz anders aus. Wer nach Geltung strebt, gibt zu, daß er sich nicht so sicher fühlt, wie er es gern wäre.

Mein Geltungsstreben entwickelt sich für mich lustvoll, wenn ich anerkannt werde. Alle Erscheinungen, die mein Geltungsstreben fördern, zählen zu den positiven Auslösern.

Lob, Anerkennung, eine günstige Beurteilung, ein Orden, ein Titel, Aufmerksamkeit für meine Worte, ein wohlwollender Blick, die Zuwendung eines Menschen, der mir etwas bedeutet, all diese Erscheinungen sind positive Auslöser.

Positive Auslöser bereiten Behagen. Wir schätzen nicht nur positive Auslöser, wir schätzen auch die Spender des Behagens. Wir versuchen alles zu tun, um ihn nicht zu verlieren. Freilich begehen wir dabei oft Unbedachtsamkeiten, die uns dann großes Unbehagen bereiten.

Einmal gebrannte Katzen machen einen Bogen um das Feuer, und ein Hund rennt noch nach Jahren davon, sieht er eine Peitsche, mit der er als Welpe eine schlechte Erfahrung gemacht hat. Ähnliches Verhalten ist bei uns Menschen weniger stark ausgeprägt. Der Dumme macht die gleichen Fehler immer wieder, der sehr Kluge macht sie lediglich einige Male. Bloß der Weise lernt aus den Fehlern der anderen.

Nehmen wir an, Herr X verbrennt sich immer wieder den Mund: Er spricht zu unbedacht seine Meinung aus und gerät dadurch oft in Schwierigkeiten. Zwar geht er mit guten Vorsätzen in eine Verhandlung, läßt sich dann aber fortreißen, gerät in Fahrt, und schon ist das Unglück passiert.

Offenbar verstößt Herr X gegen Thorndikes Wirkungsgesetz, das besagt: Wir wiederholen Tätigkeiten, die uns Behagen bereiten, immer wieder, und wir vermeiden Tätigkeiten, die uns Unbehagen verursachen. Genau betrachtet, verstößt er nicht dagegen. Gerät nämlich Herr X in Fahrt, fühlt er sich wohl bedeutend und genießt es, zu sehen, wie die anderen unter seinen Worten zusammenzucken. Für kurze Zeit badet sich Herr X behaglich in seinem Wortschwall. Daß hinterher Ernüchterung und Katzenjammer folgen, ist in diesem Zusammenhang ohne Bedeutung.

Herr Y hat sich ein paar Mal »den Mund verbrannt« und daraus gelernt. Natürlich würde es ihm auch großen Spaß bereiten, einige am Konferenztisch mit dem großen Hammer in der Faust aufzuklären. Aber er weiß: Das darauffolgende Unbehagen wäre größer als die Zufriedenheit, die er empfinden würde, wenn er nun seine Gereiztheit abreagierte. Also unterläßt er das Donnern oder Sticheln.

Verzichte ich durch Sparsamkeit auf kleine Genüsse, bin ich später in der Lage, mir mit dem Ersparten einen großen Wunsch zu erfüllen. Der Gedanke an das Behagen, das mir die Erfüllung des großen Wunsches bereiten wird, läßt mich die kleinen Verzichte leicht verschmerzen.

Kehren wir zurück zu den Auslösern von Behagen und Unbehagen. Nachdem wir bereits von den positiven Auslösern gesprochen haben, müssen wir uns jetzt den negativen Auslösern zuwenden.

Jede Erscheinung, die mein Geltungsstreben (sprich: Sicherheitsstreben) in Zweifel zieht, verunsichert mich, deprimiert mich oder macht mich wütend.

Solche Erscheinungen können Worte der Kritik sein, Zurücksetzung, Mißachtung, Zweifel an meinen Fähigkeiten, an meinem Charakter. Ja, schon eine leicht spöttisch hochgezogene Augenbraue kann mein Geltungsstreben so stark mindern, daß mir der ganze Abend und der nächste halbe Tag verdorben sind. Übrigens wirken sich positive oder negative Auslöser nicht nur auf meine Psyche aus. Sie verändern auch meine Körperchemie.

Fangen wir, wie bei guten Verhaltensforschern üblich, wieder einmal bei den Tieren an. Kämpfen 2 Schlangenmännchen miteinander, dann begattet der Gewinner nach der Auseinandersetzung überdurchschnittlich oft die Schöne, deretwegen der Kampf stattgefunden hat. Der Verlierer dagegen rollt sich zusammen und kann einige Tage lang nicht im geringsten verführt werden. Jeder Schlangendoktor würde ihn wegen akuter Depressionen krankschreiben.

Versucht ein Mensch, sich im Gespräch günstig darzustellen, so gibt er damit einem starken Trieb nach, einem naturgewollten Trieb, in allerletzter Instanz seiner (ihm meist unbewußten) Angst, unterschätzt und damit angreifbar zu werden. Er empfindet Unbehagen.

Ähnlich ergeht es ihm, wenn sein Gegenüber die Möglichkeit zur Selbsterhöhung ausnützt und dadurch Überlegenheit zu erlangen scheint. Auch dieser Zustand bereitet Unbehagen, den untrainierte oder undisziplinierte Gesprächsteilnehmer sofort korrigieren zu müssen glauben, etwa nach dem Modell: »Ich hab' ein Haus.« – »Ich hab' auch eins.«

Es gehört zu den Todsünden der Gesprächsführung, die Selbstdarstellung des anderen zu unterbrechen oder ihr gar entgegenzuwirken. Der Routinier dagegen wird versuchen, seinen Gesprächspartner zu ermuntern, sich in möglichst günstigem Licht darzustellen.

Sie sind zu Gast in einer Familie mit einem dreijährigen Kind, sagen wir mit einem Jungen, der in seinem Zimmer mit Holzklötzchen spielt. Sie wollen das Vertrauen dieses Kindes gewinnen. Was tun Sie? Sie setzen sich neben ihn auf den Boden, oder zumindest gehen Sie in die Hocke, damit Sie den enormen Größenunterschied ausgleichen. Dann bewundern Sie die Vielzahl der Bauklötzchen und das schöne Gebilde, das er bereits errichtet hat. Werden Sie ihm sagen, daß Sie als Kind viel mehr Bauklötze hatten als er? Daß Ihre wesentlich schöner waren? Daß Sie im Vergleich zu ihm Wolkenkratzer errichtet haben, während er nur armselige Hütten fertigbringt? Herzlos müßten Sie sein. Aber so herzlos sind wir häufig im

Gespräch mit Erwachsenen. Dabei sind Formulierungen, die den anderen zur Selbstdarstellung, das heißt zur Errichtung seines Schutzwalls, ermuntern, so leicht:

- »Sie waren also schon auf dem Gymnasium gut in Mathematik? Wie haben Sie dann dieses große Talent ausgebaut?«
- »Sie sind schon mit 14 Jahren 100 Meter in 10,9 gelaufen. Da waren Sie dann sicher mit 16 olympiaverdächtig?«
- »Sie sind Hauptabteilungsleiter. Da haben Sie sicher viel am Hals. Große Verantwortung? Viel im Ausland?«
- »Wenn Sie bereits mit 10 Jahren Mozartsonaten gespielt haben, wie gut müßten Sie erst jetzt spielen, wenn Sie weitergemacht hätten?«
- »Wahrscheinlich hat Ihre Tochter dieses Talent geerbt. Von Ihnen?« (Muß der oder die Befragte gestehen, daß besagtes Talent nicht aus der eigenen Linie stammt, dann schmeichelt es zumindest, eine Frau beziehungsweise einen Mann geheiratet zu haben, der solche Talente besitzt, und sei's nur im Blut.)
- »Sie waren also schon in sehr jungen Jahren Abteilungsleiter/in. Wie haben Sie dies so früh geschafft?«
- »Wie und wo haben Sie diese Erfahrungen sammeln können?«
- »Wenn Sie 6 Jahre in Argentinien waren, sprechen Sie bestimmt hervorragend Spanisch. – Alles vergessen? Aber im Unterbewußten ist das Spanisch sicherlich noch registriert. Ein paar Wochen Spanien, und Sie würden bestimmt wieder fließend Spanisch sprechen.«
- »Sie fahren bereits 20 Jahre unfallfrei. Haben Sie eine bestimmte Technik?«
- »Sie sagen: Sie fahren von München nach Stuttgart in 1½ Stunden. Da müssen Sie ja ein Rennauto haben und eine Fahrtechnik wie Niki Lauda?«
- »Wenn Sie keine Mark für Werbung ausgeben und trotzdem solche Umsätze tätigen, was für einen guten Ruf müssen dann Ihre Produkte und Ihre Firma haben!«

Vielleicht denken Sie sich jetzt: Warum soll ich eigentlich das Ego meiner Mitmenschen füttern?

Natürlich müssen Sie dies nicht tun. Sie sollen nur wissen, wie Ihr Gesprächspartner reagiert: Gebe ich ihm Gelegenheit, sich als bedeutend darzustellen, wird er sich mir gegenüber sicherer fühlen.

Sich sicherer fühlen, das heißt Behagen empfinden. Sich unsicher fühlen, heißt, Unbehagen erleben. Entscheiden Sie also, was Sie erreichen wollen.

Und wenn ich dazu beitrage, das Ego meiner Gesprächspartner so unrealistisch hochzuspielen, werden sie mir dann nicht gefährlich? Verliere ich unter diesen Umständen nicht an Profil? An Image?

Ganz im Gegenteil! Die aufgeblasenen Egos werden anfangen, Sie zu lieben. Sie werden süchtig nach Ihnen werden, weil Sie fast wollüstiges Behagen verbreiten. Man wird Sie mehr schätzen als die raffinierteste Köchin und den erlesensten Weinkeller. Also keine Angst, es sei denn, Sie sind dasselbe kleine Würstchen wie Ihr Gesprächspartner, das sich aus Unsicherheit aufblasen muß.

Noch eins: Sollten Sie wirklich, was in keiner Weise zu befürchten ist, Gefahr laufen, im Gespräch unter den Explosionen des Egos Ihrer Mitmenschen Schaden zu leiden, dann wenden Sie die Dämpfungstechniken an. Sofort wird Ihr Gesprächspartner innerlich aufheulen wie ein Mensch, dem im schönsten Augenblick eines Schäferstündchens die Liebe entzogen wird.

Reflektierendes Sprechen

Peter, 10 Jahre alt, kommt von der Schule mit einem wenig schmeichelhaften Zeugnis nach Hause. Während er sonst auf dem Weg an alles Mögliche, nur nicht an Schule oder Eltern denkt, überlegt er heute, mit welchen Worten er seinen Eltern das Zustandekommen der schlechten Noten erklärt. Peter überlegt, denkt nach, er zieht in Betracht, er reflektiert.

Es gibt 2 Arten des Gesprächs: das spontane und das reflektierende.

Als der Vater zum ersten Mal Peters Mutter sah und sie ihm sofort gefiel, da dachte er darüber nach, was er ihr wohl sagen würde, wenn er sie einmal allein antreffen sollte. Er reflektierte. Spricht heute Peters Erzeuger mit seiner Frau, spricht er meist spontan, das heißt, er spricht, ohne vorher verschiedene Tatsachen in Betracht gezogen zu haben, es sei denn, er beabsichtigt eine bestimmte Wirkung, zum Beispiel, sie auf den Holzweg zu bringen oder etwas abzustreiten oder sie zu einer bestimmten Aktivität zu motivieren.

Im Dienst praktizieren Ärzte, Psychotherapeuten, Psychologen, Geistliche, Richter, Rechtsanwälte, Architekten, Vorgesetzte, Verkäufer und eine Vielzahl von Angehörigen anderer Berufe reflektierende Gespräche. Sie wollen etwas Bestimmtes erreichen und setzen dazu die Sprache ein.

Ob nun im Dienst oder ganz privat: Nach meiner Beobachtung tendieren die meisten Menschen mehr zur unreflektierenden Sprechweise und nur wenige übernehmen die reflektierende mit in ihr Privatleben. Das ist leicht erklärlich: Sich im Gespräch »gehen zu lassen«, den Einfällen des Augenblicks sofort nachzugeben, sich keinen Zwang, ja nicht einmal eine Beschränkung aufzuerlegen, das kommt unserem Trägheitsbedürfnis entgegen. Nur wenige Menschen sind von einem Ziel besessen, das sie über längere Zeiträume so stark verfolgt, daß sie ihm gern jede ihrer Aktivitäten, so auch das Sprechen, das Fragen oder das Schweigen, unterordnen.

Zwei prominente Vertreter reflektierenden Sprechens waren Napoleon und sein Außenminister Talleyrand. Und beide gaben diese Neigung mit Aussprüchen zu, die noch heute gern zitiert werden. Napoleon: »Entweder befehle ich oder ich schweige.« Talleyrand: »Die Sprache ist dem Menschen gegeben, um seine Gedanken zu verbergen.«

Reflektierendes Sprechen setzt Reflexion, also Überlegung voraus. Man könnte auch sagen Berechnung. Nämlich die Berechnung, wie der Gesprächspartner das, was ich ihm sage, »zurückwirft«, denn »reflektieren« heißt bekanntlich zurückwerfen.

Es wäre müßig und eine Verschwendung von Zeit und Papier, hier zu diskutieren, wann spontanes und wann reflektierendes Sprechen gerechtfertigt ist. Halten wir fest: Jeder führt im Lauf eines Tages einige Male reflektierende Gespräche. Das kleine Kind macht's, wenn es seine Bezugspersonen zu etwas motivieren will; die Eltern tun es zum Besten des Kindes (oder glauben es wenigstens zu tun). Sehr viele Menschen müssen, wie schon erwähnt, aus beruflichen Gründen reflektierende Gespräche führen. Sie müßten sich sonst den Vorwurf gefallen lassen, ihrer Aufgabe nicht gerecht zu werden.

Menschen mit einem starken Mitteilungsdrang müssen sich mehr Disziplin auferlegen, um reflektierende Gesprächstechniken anzuwenden. Sie haben es schwerer als jene, die lieber Fragen stellen und etwas erfahren, als selbst Reden zu führen, obendrein auch noch über sich selbst. Ich arbeitete 10 Jahre mit einem Mann zusammen, und wir trafen uns an jedem Werktag mindestens einmal zu einer Besprechung, lediglich von Urlaubszeiten und einigen Dienstreisen abgesehen. Ein sehr umgänglicher, gesprächiger Mann, bekannt für seine Liebenswürdigkeit. Aber alles, was ich in diesen 10 Jahren aus seinem Munde über ihn selbst erfuhr, fände Platz auf 3 Postkarten. Dagegen verstand er es meisterlich, andere über sich selbst zum Reden zu bringen.

Als ich einmal vom Besuch bei einer für uns sehr wichtigen Firma nach Hause kam, stellte er mir so viele Fragen über dieses Unternehmen, daß ich ihn lachend fragte, ob er gedenke, sich in diese Firma einzukaufen. Seine Antwort: »Man kann nie genug wissen, und man kann sein Wissen nicht oft genug auf seine Aktualität hin überprüfen.«

Er hatte nichts von einem Geheimniskrämer an sich und konnte lachen, daß ihm manchmal die Tränen die Wangen herunterkullerten. Nur gelegentlich sickerte es aus irgendwelchen Quellen durch, daß er da und dort ein Haus gekauft, Teilhaber der und jener Fabrik geworden war oder daß er an einem Wochenende sein teures Auto zu Schrott gefahren hatte und offenbar nicht umsonst eine Dame seines Bekanntenkreises ungewöhnlich sympathisch finde.

So wie es Stripperinnen gibt, die sich gern entblößen, und so wie es Exhibitionisten gibt, die mit Inbrunst ihr Innerstes nach außen kehren, so gibt es offenbar Verhüllungskünstler, denen es den gleichen Spaß bereitet, möglichst unerkannt zu bleiben. Bei Gott nicht aus schlechtem Gewissen oder weil sie insgesamt unerkannt bleiben müßten. Wohl eher aus den gleichen Überlegungen, weshalb ein Kartenspieler sich nicht ins Blatt schauen lassen will. Und wahrscheinlich mit einem Gefühl der Überlegenheit, wie es jeder kennt, der einen Sieg davongetragen hat: einem Verkehrspolizisten einen Schabernack gespielt oder einem allzu selbstsicheren Ehemann Hörner aufgesetzt zu haben.

Wer sich für reflektierendes Sprechen auch außerhalb seines Berufes entschließt, erhält als Nebenprodukt für die Disziplinierung seiner Gesprächstechnik Körbe voller Gegenleistungen:

- Er wirkt geheimnisvoll, also interessant.
- Er liefert sich so schnell niemandem aus, wird deswegen weniger leicht angreif- oder gar erpreßbar.
- Er erfährt viel über seine Umwelt und kann dementsprechend agieren.

- Er wird wegen seiner Selbstdisziplin bewundert, weil ja fast alle Leute sich vorwerfen, daß sie eher zu vertrauensselig als zu diskret sind.
- Niemand wird ihm den Vorwurf machen, er sei egozentrisch und spreche zu viel und zu oft von sich. Vielleicht fällt es sogar einigen Menschen ein, seine Bescheidenheit zu bewundern, was in der Mehrzahl der Fälle aber eine Einfältigkeit wäre: Menschen mit kleinen Eitelkeiten sprechen gern von sich. Die wahrhaft Eitlen sind sich zu gut, als daß sie Wert darauf legten, daß der Plebs um sie herum von ihnen spricht, ob gut oder schlecht. Ein eitler Kaiser meinte einmal, es sei ihm gleichgültig, ob man ihn liebe oder hasse, solange man ihn nur fürchte.

Ich kenne einen Universitätsprofessor, der sein Eheweib, eine promovierte Atomwissenschaftlerin, zum Teufel schickte, um ab sofort mit einer Köchin glücklich zusammenzuleben, nur weil diese bei seiner Heimkehr von der Universität nicht wie seine Frau lakonisch meinte: »So – du bist's!«, sondern die Hände vor der gut entwickelten, aber völlig unwissenschaftlichen Brust zusammenlegte und jammerte: »Ja, wie schauen Sie wieder aus, Herr Professor. So blaß und mitgenommen. Jetzt müssen Sie sich erst einmal von allem bei Ihrer Lieblingsspeise erholen.«

Wahrheitsliebe als Vorwand

»Man wird doch noch sagen dürfen, was wahr ist?«
Haben Sie diesen Satz nicht auch schon oft gehört? Es wäre
einfältig zu glauben, daß es sich bei diesen Menschen um eine
besonders wahrhaftige Ausgabe der Spezies Zweibeiner handelt. Allein in meinem Umkreis könnte ich all diesen Wahr-
heitsfanatikern vielfach nachweisen, daß sie – oft über Jahre
hinweg – lügen, sich verstellen und krumme Dinge drehen.
Wahrheitsliebe dient also nicht als Motiv. Wer sich erlaubt,
etwas für andere Unangenehmes zu sagen, weil es wahr ist,
der erfüllt sich damit, bewußt oder unbewußt, gleich 2 Genüsse: Erstens will er damit den Eindruck erwecken, daß ihm
die Wahrheit, was immer das ist, über alles gehe. Und zweitens
glaubt er, im Schutze dieser Wahrheitsliebe ungestraft seine
Aggressionen abreagieren zu dürfen.
Szene in einem Kaufhaus: In einer Abteilung erscheint eine
Verkäuferin, die offensichtlich ihre Kollegin ablöst. Kaum hat
die neue Verkäuferin von ihrem Reich Besitz ergriffen, tönt
es mit weiblicher Trompetenstimme von einer anderen Abtei-
lung herüber:
»Ja, was haben denn Sie mit sich gemacht?«
»Die Frisur geändert.«
»Das seh' ich. Die alte stand Ihnen aber viel besser.«
Natürlich schauten die Kunden die Verkäuferin an, die nun
ein hochrotes Gesicht bekam. Da sagte ein weißhaariger Herr
so laut, daß es alle hören konnten, zu der wahrheitsliebenden
Trompete: »Wie schön muß Ihre Kollegin erst mit der alten
Frisur ausgesehen haben.«

Da hat sich eine Frau ein Kleid gekauft, hat zuvor die Schaufenster studiert und dann endlich das gefunden, was sie schon lange besitzen wollte. Sie ist mit diesem Kleid glücklich, sie identifiziert sich mit ihm. Nun bedarf es schon einer Portion Brutalität zu sagen, daß sie darin unvorteilhaft wirke, »ja, ehrlich gesagt« sogar häßlich.

Es geht nicht darum, hier zu entscheiden, wann wir von der Wahrheit abweichen dürfen und wann wir sogar aus Nächstenliebe abweichen müssen. Es geht vielmehr darum, ob wir Stellung beziehen müssen, und wenn, wie.

Kommen wir auf den schon erwähnten Kleiderkauf zurück. Der guten Bekannten (oder Ehefrau) gefällt es natürlich, sonst hätte sie es sich ja nicht gekauft. Nehmen Sie keine Kenntnis von dem Kleid, wird sie denken: Entweder hat es Ihnen vor Neid die Sprache verschlagen oder Sie finden das neue Kleid unmöglich. Ist aus der Kenntnis Ihres Charakters nicht anzunehmen, daß sie neidisch sind oder (was vielleicht das Gleiche ist) unter starken Minderwertigkeitskomplexen leiden, dann bleibt nur die zweite Interpretation.

Ein liberaler Mensch mag in so einem Fall denken: Mir gefällt das Kleid nicht. Ihr aber gefällt dieses Kleid und bestimmt auch anderen; denn auch die Hersteller werden sich dabei etwas gedacht haben, ebenso das Bekleidungshaus, das dieses Stück gekauft hat. Bei gutem Willen finden wahrscheinlich auch Sie etwas an dem Kleid, das positiv ist. Und das können Sie guten Gewissens sagen:

- »Die Farbe ist sehr schön.«
- »Der Schnitt ist raffiniert/sportlich/elegant . . .«
- »Der Ausschnitt betont wirkungsvoll den Busen.«
- »Sehr gute Qualität.«
- »Sitzt ausgezeichnet.«
- »Schöne, warme Farben.«
- »Ausgezeichnete Verarbeitung.«
- »Einmal etwas anderes.«
- »So etwas kann nicht jede tragen.«

Wahrscheinlich werden Sie sogar mehr als eine positive Eigenschaft finden. Kombinieren Sie diese alle, entsteht insgesamt der Eindruck, daß Sie nichts anderes tun, als was die Trägerin des Kleides auch schon getan hat, nämlich es zu akzeptieren. Will nun die Eigentümerin des neuen Kleides von Ihnen die gezielte Frage »Steht mir das?« beantwortet haben, dann verfügen Sie wieder über einige Möglichkeiten.

Sprechen wir zunächst von der *Mentalreservation*, wie sie gern den Jesuiten als Ausdruck eines »weiten Gewissens« vorgeworfen wird. Mentalreservation ist ein Vorbehalt, den ich nicht ausspreche. So kann ich mir denken: »In meinen Augen kleidet dich dieses Stück nicht besonders, aber in deinen Augen und wahrscheinlich auch in vielen anderen Augen kleidet dich dieses Stück sehr wohl.« Und dann kann ich die Frage bejahen.

Übrigens, nicht dem fällt die Anwendung der Mentalreservation schwer, der die Wahrheit sehr wichtig nimmt, sondern dem, der sich selbst überschätzt. Ist mein Geschmack wirklich so unfehlbar, als daß ich ihn zur Norm erheben dürfte? Ist mein Geschmack nicht auch von Stimmungen abhängig und Wandlungen unterworfen? Gefielen mir nicht schon Farben und Formen, die mir heute nicht mehr gefallen? So bewies Professor Max Lüscher, wie sehr unsere Vorliebe und Ablehnung von Farben unserer jeweiligen Gemütsverfassung entsprechen.

Wer hat nicht schon für Schriftsteller, Philosophen, Musiker, Komponisten, Stil- und Moderichtungen geschwärmt, wofür er hinterher keinerlei Erklärungen finden konnte? Wer hat nicht umgekehrt sich gewundert, wieso er beim ersten Kontakt mit einem Schriftsteller, einem Philosophen, einer Oper, einer Sinfonie, einem Kunstlied nicht gleich gemerkt hat, wieviel Positives für ihn darinsteckt? Ist also unserem Urteil immer zu vertrauen?

Wahrheitsgerecht müssen wir deshalb die Mentalreservation verteidigen, indem wir denken: »In meinen Augen kleidet dich dieses Stück nicht. Ich habe aber eine Anzahl von Beweisen, daß sich mein Geschmack und meine Ansichten in der Vergangenheit schon sehr oft geändert haben. Antworte ich dir jetzt, daß dir dieses Kleid nicht steht, dann fälle ich ein für dich endgültiges Urteil. Wer garantiert mir aber, daß ich nicht schon demnächst gestehen muß, ich habe mich getäuscht, oder mein Geschmack hat sich geändert, oder ich habe mich daran gewöhnt und finde es ganz nett?«

Aber wenn es sich um meine beste Freundin handelt, um meinen besten Freund? Bin ich dann nicht verpflichtet, reinen Wein einzuschenken und zu sagen, daß dieses Kleidungsstück an ihr oder ihm unmöglich ist? Auch in diesem Fall behält die Mentalreservation ihren vollen Wert.

Klugheit verlangt, daß ich meine Gedanken und meine Gefühle sorgfältig filtriere, bevor ich sie von mir gebe. Übrigens, muß ich immer Stellung beziehen? Kann ich mir nicht auch einiges bloß denken? Und vieles überhören?

Ein Beispiel: Ein guter Freund bewirbt sich um eine Stellung, kleidet sich aber für das Vorstellungsgespräch ungünstig. Aus meiner Erfahrung als Personalchef weiß ich, wie in der Industrie die Aufmachung eines Bewerbers beurteilt wird.

»Diese helle Hose und der dunkelblaue Blazer stehen dir sehr gut. Darin siehst du wirklich recht sportlich aus. Eine ideale Kleidung für den Ball im Tennisclub. Jetzt machst du aber einen Sprung nach oben. Jetzt strebst du eine Stellung im oberen Management an. Was denkt ein Personalchef, der dich so sieht?

Zum Vorstellen zieht jeder seinen geeignetsten Anzug an. Würde dieser Bewerber – also du – in so einer Kleidung auch zu einer Sitzung unseres Bundesverbandes, zu einem Bankdirektor oder zu einem unserer wichtigsten Kunden gehen? Wahrscheinlich ja. Dann wäre er nicht angemessen gekleidet. Je höher einer in der Hierarchie aufsteigt, um so grauer oder dunkelblauer wird seine Kleidung. Deswegen empfehle ich dir:

Zieh zur Vorstellung einen dunkelgrauen Flanellanzug an.«

Oder: Eine Freundin beschwert sich bei der anderen: »Was ist denn bloß mit mir los? Ich scheine nur auf scheue, verschlossene Männer zu wirken. Und gerade diese Typen kann ich nicht ausstehen!«

»Daß du hübsch bist, weißt du. Du ziehst dich vielleicht etwas zu brav an. Deine Frisur ist sehr konservativ, deine Brille ebenfalls. Du trägst kein Rouge, du gehst auch nicht viel in die Sonne. Dein Teint ist also etwas blaß. Insgesamt eine ziemlich reservierte, vornehme Erscheinung. Wenn dich nun ein schüchterner Mann sieht, denkt er sich: ›Die ist richtig für mich, die sieht gut aus und hat nichts Kesses an sich. Wenn ich die anspreche, blitze ich wahrscheinlich nicht gleich ab. Die hört mich zumindest an. Die scheint ein gutes Herz zu haben.‹ Also wenden sich vor allem schüchterne Männer an dich.«

Wenn wir schon Wahrheiten austeilen müssen, dann sollten wir ihnen auf alle Fälle die versöhnlichste Form geben. Der Empfänger unserer Wahrheiten muß das Gefühl haben, daß wir erstens diese Wahrheit nicht zu unserem Vergnügen sagen, sondern daß es uns eher eine gewisse Überwindung kostet, sie auszusprechen. Und daß wir sie nur deswegen äußern, weil wir ihm helfen wollen. Diese Gesichtspunkte gelten auch für das Gespräch Vorgesetzter – Untergebener. Wir wollen uns aber hier auf die Gesichtspunkte beschränken, die für den Untergebenen gelten.
Viele Untergebene sind klüger als ihre Chefs. Sie denken schneller, exakter und verfügen vielleicht über eine ausgedehntere Allgemeinbildung oder über ein größeres Fachwissen auf ihrem Gebiet. In nicht wenigen Fällen bilden sie sich dies aber auch nur ein. Wie dem auch sei, kein Vorgesetzter hat es gern, daß ihn sein Untergebener fühlen läßt – womöglich noch vor anderen –, daß er einem Untergebenen nicht das Wasser reichen kann. Womit soll er dann seine Weisungsbefugnis und sein höheres Einkommen rechtfertigen?
Grob gesprochen gibt es 2 Motive, warum Untergebene ihre Chefs fühlen lassen, daß sie ihnen auf diesem oder jenem Gebiet überlegen sind. Zunächst, um auf sich aufmerksam zu machen, damit der Boß endlich merkt, wie tüchtig man ist und dementsprechend gefördert wird. Zum anderen ist die Zurschaustellung der eigenen Überlegenheit nichts als Rache: Ich zeige dir, daß eigentlich ich auf deinen Stuhl gehörte. Aber du bist eher zur Firma gekommen, du hattest das bessere Sitz-

fleisch, du hast mehr Glück gehabt, du bist der bessere Rad-
fahrer, du hast geerbt. Ob man auf sich aufmerksam machen
oder sich rächen will: In beiden Fällen beruft man sich auf das
ominöse »Man wird doch noch sagen dürfen . . .« Natürlich
darf man sagen, aber man zahlt schwer drauf.

Unarten sind:

- Den Chef nicht aussprechen zu lassen, sondern seine letzten
  Worte, die er gerade noch formuliert, vorzusprechen.
- »Was Sie sagen, darauf habe ich schon früher hingewiesen,
  immer wieder hingewiesen.«
- »In unserer Abteilung sind die Kompetenzen so unklar, daß
  solche Fehler passieren müssen.«
- »Das war vorauszusehen.«
- »In dieser Abteilung zu arbeiten, ist für einen disziplinierten
  Mann so schwer, daß er zu seinem Gehalt hinzu noch ein
  monatliches Leidensgeld erhalten sollte.«
- »Wenn ich an unsere Firma denke, fällt mir immer das Wort
  von Oxenstierna ein, der seinen Sohn tröstete, als dieser
  glaubte, für einen Posten nicht genügend qualifiziert zu
  sein: ›Mein Sohn, du weißt ja gar nicht, mit wie wenig Verstand die Welt regiert wird!‹«

Diese Sätze mögen alle wahr sein. Aber sie verursachen böses
Blut, vor allem, wenn sie wie der rote Faden in den Tauen der
britischen Marine durch jede Besprechung gehen. Kein Boß
wird bereit sein zu sagen: »Gut, ich räume Ihnen meinen Platz
ein.« Viel eher wird er sich denken: Wenn du schon für uns zu
klug bist, dann geh in Teufels Namen dorthin, wo sie so bril-
lante Gehirne wie deines nötig haben!

Fallen Sie als Untergebener aber auch nicht auf den Trick
mancher Vorgesetzter herein, wenn diese Sie auffordern:
»Wir kennen uns nun schon lange, und wir arbeiten gut zusammen. Aber manchmal habe ich das Gefühl, wir könnten noch
mehr harmonisieren, wenn auch die allerletzten Ungereimt-
heiten zwischen uns ausgeräumt wären. Deshalb bitte ich Sie,
mir Ihr Herz auszuschütten. Sagen Sie mir alles, was Ihnen
nicht paßt! Je rücksichtsloser Sie dabei vorgehen, um so mehr
weiß ich Ihre Hinweise zu schätzen . . .«

Ein Tölpel fängt jetzt an, frisch von der Leber weg zu reden. Frage an diesen Tölpel: Meinen Sie, Ihr Chef lädt Sie zu diesem Seelenstrip ein, damit *Sie* sich an Ihrem Arbeitsplatz wohler fühlen? Oder will er Ihre Meinung erfahren, damit er davon profitiert, um bei seinen Vorgesetzten besser abzuschneiden? Warum veranstaltet er also diese Befragung? Ihretwegen? Oder seinetwegen? Wahrscheinlich kommen auch Sie zu dem Ergebnis: seinetwegen. Warum sollen Sie sich dann *seinetwegen* schaden? Jede Kritik am Bestehenden ist eine Kritik an seiner Arbeit; denn er hat sie entweder selbst so angeordnet oder bisher so geduldet. In beiden Fällen ist er dafür verantwortlich.

Schlaue Sätze, um sich nicht zu sehr zu engagieren:

»Nichts ist perfekt. Auch unsere Abteilung nicht. Aber grundsätzliche Änderungen halte ich für überflüssig, da sie nicht notwendig sind. Ideal wäre es, wenn wir jede Anfrage noch am gleichen Tag beantworten könnten. Das ist möglich, wenn ich die Post nicht erst gegen Mittag bekomme, sondern schon in der Frühe. Das heißt: Fräulein X öffnet wie bisher die Post und sondert alles aus, was mit dem Verkauf zu tun hat. Dann könnte ich meine Post spätestens bis um 8.30 Uhr haben. In den ganz wenigen unklaren Fällen könnte Fräulein X Briefe über Sie laufen lassen, damit Sie eine Vorentscheidung treffen und die Kontrolle des Ganzen behalten . . .« Die Verbesserung ist vorgeschlagen, der Chef behält die Kontrolle des Ganzen, und die Auftragsbearbeitung wird forciert.

Der Ton hätte auch so klingen können:

»Ich würde und könnte jeden Auftrag am Tage des Eingangs bearbeiten. Aber das ist ja hier nicht möglich.

Zuerst benötigt Fräulein X, Ihre Sekretärin, Stunden, bis sie endlich die Post weitergibt, dann kommt der Haufen zu Ihnen. Sie sind um diese Zeit schon oft in einer Besprechung, also bleibt alles auf Ihrem Schreibtisch liegen. Wenn Sie dann schließlich Zeit haben, die Post anzuschauen, ist es fast immer zu spät für deren Bearbeitung . . .«

Was dieser Mensch hier beschrieb, entspricht in sehr vielen Fällen der vollen und uneingeschränkten Wahrheit. Bringt er aber seine Kritik so vor, muß sich sein Chef verteidigen, weil er diesen Schlendrian bisher geduldet hat, und wird deshalb der radikalen Änderung nicht zustimmen. Seiner Eitelkeit fällt ganz bestimmt ein Grund ein, warum der Vorschlag *so* nicht durchführbar ist.

Das ist ähnlich der Situation, in der sich jener Zoologe befand, der die Affen verbessern wollte. Er stellte sich vor die Gitterstäbe der Schimpansensektion und hob jedesmal strafend den Zeigefinger, wenn sich der Oberaffe mit beiden Fäusten an die Brust schlug und auf schimpansisch schrie: »Ich bin der Größte!«

Imagepflege durch das Gespräch

Ein gutes Image kann erredet, ein Image kann aber auch zerredet werden.

Da bewundert eine Frau in ihrem Tennisverein seit geraumer Zeit einen Spieler, einen Traum von Mann, groß, schlank, sportlich und obendrein noch elegant in jeder seiner Bewegungen. Endlich will es der Zufall, daß sie bei einem der Klubfeste neben ihm sitzt. Doch schon nach wenigen, schnelleren Pulsschlägen ist sie geheilt. Was sie aus dem Mund mit den vollen Lippen und den zahnpastaweißen Zähnen vernommen hat, war kleinkariert, vulgär, stillos. Hätte er geschwiegen oder sich anders geäußert, sie würde sich in ihn vielleicht verliebt haben.

Was ist Stil? Übereinstimmung von Inhalt und Form. Nur zur närrischen Zeit kann einer im Frack mit Zylinder skifahren oder im Schottenrock eine Kölner Kneipe besuchen.

Kommen Menschen zusammen, um sich zu amüsieren, wird Smalltalk, also ein leichtfüßiges, oberflächliches Gespräch erwartet. Dann sind tiefgründige Monologe fehl am Platz. Treffen sich Menschen zur Lösung von Problemen, sind »Tiefbohrer« erwünscht.

Gleichgültig aber, ob nun Smalltalk oder profunde Diskussionen verlangt werden, es gibt einige Verhaltensmuster im Gespräch, die dem Ansehen jedes Menschen schaden, weil diese Verhaltensmuster das Zusammenleben erschweren. Bei Spannungen schieben wir die Schuld gern auf den anderen. Rechthaberei und Besserwissen, Belehren und Korrigieren verursachen im Gespräch Mißklang. Ein sehr beliebter Fehler: auf Rechthaberei und Besserwissen mit den gleichen Untugenden zu antworten.

Davon werden wir nur frei, wenn wir uns sofort fragen: »Was bedeuten diese Behauptungen für mich?« In der Mehrzahl der Fälle kommen wir zu dem Ergebnis: »Gar nichts.« Weswegen reagieren wir dann trotzdem so irritiert auf Besserwisserei? Weil wir unsere eigenen Ansichten nicht genügend berücksichtigt sehen. Also: aus gekränkter Eitelkeit.

Chronische Rechthaberei und chronisches Besserwissen verlieren nur dann die Macht über uns, wenn uns die Produzenten dieser unangenehmen Äußerungen gleichgültig (geworden) sind. Eine Kuh ist eine Kuh, nicht wahr? So wie ein Wolf ein Wolf ist. Begegnen Sie im Eisenbahnabteil einem Inder, der Sie überzeugen will, daß Kühe heilig sind, werden Sie innerlich schmunzeln, ihm als höflicher Mensch nicht widersprechen und an Ihrem Zielbahnhof seelenruhig aussteigen. Behauptet aber jemand, der Ihnen nahesteht, der Ihnen also viel bedeutet, weiße Elefanten seien auf die Erde gekommene Götter, dann werden Sie darauf mit Traurigkeit reagieren (»Jetzt hat er auch schon einen kleinen Tick!«) oder aber mit Wut (»Der hält mich wohl zum Narren?«). Wie Sie mit solchen Menschen fertig werden können, dafür finden Sie handfeste Techniken im Kapitel »Gespräche mit psychisch Labilen«.

Formulierungen für den Umgang mit chronischen Besserwissern und Rechthabern:

- »So habe ich diese Angelegenheit noch nie gesehen. Interessant!«
- »Ein ganz neuer Gesichtspunkt, wirklich!«
- »Ich glaube es bald selbst, daß nichts unmöglich ist.«
- »Bestimmt haben Sie Ihre Gründe, warum Sie zu diesem Urteil kommen (zudem noch so schnell).«
- »Ich würde mich nicht trauen, dies so zu sagen, aber ich verstehe von der Angelegenheit offensichtlich nicht soviel wie Sie.«
- »Da muß ich bisher ganz falsche Informationen gehabt haben. Demnach müßte eigentlich das Gegenteil Ihrer Aussagen stimmen. Aber Sie werden es schon wissen.«
- »Ich habe das bisher immer geglaubt. Und nun sagen Sie mit Überzeugung, daß das genaue Gegenteil richtig ist. Da

bin ich jetzt verunsichert und wage überhaupt nichts mehr zu sagen.«

Zuzustimmen erspart Ihnen viel unnütze Mühe. Zuzustimmen ist eine der zeitsparendsten Methoden. Sie müssen nur wissen, ob Sie zustimmen können.

Meint Ihr Sohn von 14 Jahren, er könne nicht ohne lange Haare leben, dann hat es wenig Sinn, ihn davon zu überzeugen, daß es auch mit einem anderen Haarschnitt recht gut ginge. Lassen Sie ihn!

- Meint ein Gesprächspartner, Ihnen beweisen zu müssen, daß der Parteipolitiker Franz Josef Hingerl der größte Diplomat oder aber das größte Rindvieh aller Zeiten sei, lassen Sie ihn. Es ist Ihrer nicht würdig, mit Fanatikern zu verhandeln. Am besten, Sie geben ihm recht, ganz gleich, welchen Schwachsinn er im Augenblick von sich gibt.

- Meint ein Mensch, der eine Flasche zum Trinken an die Lippen setzt, es handele sich um Apfelsaft, während Sie wissen, daß die Flasche Gift enthält, sollten Sie ihn darüber aufklären. Hierbei geht es ja schließlich um Ihre Verantwortung für ein Menschenleben.

Gleichgültig, um welche Art von Unterhaltung es sich handelt, Neugierde für das Privatleben schadet ebenfalls einem Image. Ein Hinweis, daß Sie so etwas nicht interessiert, hebt Ihr Ansehen wesentlich.

- »Nehmen Sie es mir nicht übel, aber diese Frage interessiert mich wirklich nicht.«

- »Diese Person wird schon wissen, warum sie in dieser Angelegenheit so verfährt. Ich weiß es jedenfalls nicht. Darum erlaube ich mir auch kein Urteil, und ich will nicht von Dingen reden, von denen ich keine Ahnung habe.«

- »Ich habe früher große Fehlurteile gefällt, indem ich von mir auf andere schloß. Ich habe eingesehen, daß dies nicht möglich ist. Also will ich es künftig lassen. Wollen wir nicht von etwas anderem sprechen?«

- »Ich habe den Eindruck: So richtig weiß hier niemand Bescheid. Wir betreiben hier also Klatsch. Wollen wir dies nicht lieber lassen?«

- »Wenn uns dieses Thema so sehr am Herzen liegt, dann sollten wir eigentlich die Person fragen, die ganz allein darüber Auskunft geben kann. Meint ihr nicht auch?«
- »Ich finde es unfair, darüber zu sprechen, ohne XYZ zu fragen, der allein uns Auskunft geben könnte. Wollen wir deshalb das Thema nicht aufschieben, bis XYZ anwesend ist?«

Alles, was schwer zu erreichen ist, wird begehrt und dementsprechend geschätzt, ja bewundert. Seltene Charakterzüge verschaffen deswegen ein gutes Image. Als seltene Charakterzüge gelten: Verschwiegenheit, Unbestechlichkeit, Mut, Zivilcourage und Korrektheit.

Verschwiegenheit:
- »Es wäre unfair, unkorrekt, leichtsinnig, darüber hier etwas zu sagen.«
- »Ich fühle mich nicht berechtigt, dazu eine Stellungnahme abzugeben.«
- »Wenn Sie in meiner Haut steckten, würden Sie hierzu auch schweigen.«
- »Es bringt uns in keiner Weise weiter, wenn ich jetzt aus der Schule plaudern würde.«
- »Ich darf hierzu nichts sagen. Und Sie werden mich bestimmt nicht zwingen wollen, meine Pflicht zu verletzen.«

Unbestechlichkeit:
- »Ich habe schon mehreren diesen Wunsch abschlagen müssen. Es wäre denen gegenüber unfair, würde ich bei Ihnen jetzt ja sagen.«
- »Ich würde Ihnen sehr gern weiterhelfen. Aber leider muß ich es mir versagen. Ich habe bei anderen nein gesagt. Dann muß ich aus Gerechtigkeit auch bei Ihnen nein sagen.«
- »Ich weiß, Sie würden Stillschweigen bewahren. Aber insgeheim müßten Sie sich sagen: Wenn er bei mir eine Ausnahme macht, warum sollte er dann nicht auch bei anderen eine Ausnahme machen? Vielleicht sogar eine noch größere als bei mir?«

Mut, Zivilcourage:
- »Wenn ich mich auch in Widerspruch zu allen setze, muß ich doch bei dem bleiben, was ich für richtig erkannt habe.«
- »Ich messe dieser Angelegenheit so große Bedeutung bei, daß ich, unabhängig von negativen Folgen für mich, zu meinem Wort stehen muß.«
- »Es wäre mir jetzt viel wohler, könnte ich zustimmen. Aber damit würde ich gegen meine Pflicht verstoßen.«

Korrektheit:
Der Korrekte genießt den Ruf der Unangreifbarkeit. Selbst wenn er unterliegt, erfreut er sich noch unserer Sympathie. Engländer halten z. B. grundsätzlich zum Unterlegenen, der anständig verloren hat.
Sie drücken damit ganz bewußt aus, was wir alle empfinden.
- »Ich könnte natürlich die Situation für mich ausnützen, aber das wäre unanständig.«
- »Ein noch so großer Vorteil ist nicht soviel wert wie das Gefühl, anständig geblieben zu sein.«
- »Soll ich meine Würde verlieren, bloß wegen eines Vorteils?«
- »Damit Sie auch künftig auf mein Wort zählen können, muß ich jetzt hart bleiben, so schwer es mir fällt.«

Auf die Dauer ist der Ruf des Schlaumeiers schädlich. Jeder sollte zwar ein Diplomat sein, aber nicht als solcher gelten. Die höchste Klugheit eines Menschen besteht darin, sich seine Klugheit nicht anmerken zu lassen.
Unter irgendwelchen Einflüssen, die vom Vollmond bis Alkohol oder Einsamkeit reichen können, verringern wir gern die Distanz zu anderen Menschen. Bekannt und viel belächelt ist jener Angesäuselte, der sich ab einer gewissen Stunde mit allen verbrüdert. Die Kunst, *Abstand* zu halten, zahlt sich als Rarität sehr bald aus. Diese Kunst wirft doppelte Frucht ab: dem einen nicht zu nahe zu treten, sich aber auch selbst nicht zu nahe treten zu lassen. Hierbei bewähren sich sehr gut Ausflüchte.

- »Was? Schon Mitternacht! Ich muß unbedingt gehen. Ich habe mich bereits zwei Stunden verspätet.«
- »Sie – da fällt mir eine Geschichte ein, die Sie interessieren wird.« Und dann berichten Sie irgend etwas, das gar nicht hierher gehört. Themenwechsel! Notfalls ohne jeglichen Zusammenhang.
- »Wir sollten unsere Freundschaft langsam wachsen lassen. Dann hält sie länger. Wenn wir uns wiedersehen, wollen wir mit diesem Thema fortfahren. Jetzt sollten Sie mir aber sagen . . .«

Und nun stellen Sie eine das Thema ändernde Frage, die Sie sich überlegt haben, während sich Ihr Gesprächspartner an Sie heranzurobben versucht hat.

Bei den wenigsten Menschen finden wir *Klarheit* und nur bei einer verschwindend geringen Zahl *Halt*. Natürlich müssen Sie wissen, ob Sie zur Klarheit beitragen wollen. Wollen Sie dies, zum Beispiel als Chef, wird Ihnen jeder dafür dankbar sein. Dann haben Formulierungen wie folgende nichts in Ihrem Mund zu suchen:

- »Wir sollten eigentlich . . .«
- »Irgend jemand von uns müßte . . .«
- »Demnächst sollte jemand . . .«

Wortkargheit:
Man sollte Wortkargheit nicht mit Mundfaulheit verwechseln, denn oft steckt Diplomatie dahinter. Wortkarg war z. B. Cäsars Meldung nach Rom: »Veni, vidi, vici« (Ich kam, sah und siegte). Und nur aus 2 Silben bestand die wohl kürzeste Rede der Weltgeschichte. Sie wurde gehalten, als der römische Senat soeben Catilina zum Tode verurteilt hatte und Cicero den draußen wartenden Römern das eine Wort zurief: »Vixit« (Er hat gelebt).

Wortkargheit wird überall bewundert, und das hat gute Gründe: »In der Kürze liegt die Würze.« Es ist schwieriger, einen Tatbestand kurz als langatmig darzustellen. Ein Merkspruch, eine Maxime, ein Slogan, ein Bonmot haben gewöhnlich die knappestmögliche Form.

Vorsicht: Knappe Formulierungen können gefährlich wie eine Degenspitze werden, gefährlich im Doppelsinn, gefährlich für den Be- oder Getroffenen, gefährlich aber auch für den Formulierer, weil Verletzte gern zurückschlagen.

Prägnante Wortkargheit wird gemäß ihres Seltenheitswertes geschätzt und bewundert. Wortreichtum, Langatmigkeit, Redundanz gelten als Schwäche des Geistes und des Charakters. »Le style, c'est l'homme« (Der Stil macht den Menschen aus).

Wenn Sie sprachlich imponieren wollen, dann müssen Sie sehr ökonomisch sprechen, also mit dem geringsten Aufwand an Worten das meiste zu sagen verstehen. Jedes Wort, das einen Gedanken nicht noch klarer erscheinen läßt und ihn weiter vorantreibt, erübrigt sich, und Überflüssiges schadet nur, so wie bei einem Rennen nicht der gewinnt, der recht lange zum Ziel unterwegs ist.

Stellen Sie sich folgende Lage vor: Es sitzen einige Damen und Herren um einen Konferenztisch und erwarten ihren Chef. Endlich geht die Tür auf. Auf dem Weg zu seinem Stuhl patscht er mit den Handflächen auf die 2 Außen- und die 2 Innentaschen seiner Jacke. Offenbar sucht er Unterlagen. Schließlich zieht er aus einer Tasche ein Papier hervor, entfaltet es, schüttelt den Kopf und steckt es wieder zurück. Wahrscheinlich das falsche. Im Vorbeigehen drückt er einigen Damen und Herren die Hand, die anderen begrüßt er durch Handzeichen. Sich setzend, bedauert er, durch verschiedene Vorkommnisse, die er im einzelnen darstellt, die aber nicht zum Thema der Konferenz gehören, an der Vorbereitung für dieses Treffen gehindert worden zu sein. Um die etwas überraschten Mienen der Damen und Herren aufzuheitern, flicht er eine Anekdote ein und erzählt dann noch einen Witz. Insgesamt ein zerfahrener Mensch, der selbst nicht weiß, worum es geht. Werden seine Mitarbeiter aus der Fülle von Informationen, von größtenteils unbrauchbaren Informationen, klug werden und den zu verfolgenden Weg klarer sehen? Dieser Mann tritt unbedeutend auf, spricht Unbedeutendes und wird als unbedeutend eingeschätzt. Wir werden so genommen, wie wir uns geben.

Mundfaul ist, wer aus Trägheit nicht die erforderliche Information liefert, sondern nur Teile davon. Mundfaulheit trägt sicherlich nicht zu einem guten Image bei. Aber im Zweifelsfall möchte ich lieber mit einem Menschen zusammen sein, der zuwenig, als mit einem, der zuviel spricht. Auf die Dauer regt mich ein Phlegmatiker weniger auf als ein nervöser, fahriger Vielredner, dessen Aktivität vorwiegend darin besteht, die Luft um mich herum mit seinem Atem zu bewegen.

Dämpfungstechnik:
Stellen Sie sich vor, ein sehr flotter Autofahrer gondelt durch die Lande. An einem der 4 Räder seines Wagens aber »sitzt ein Heinzelmännchen«, das nach und nach die Luft aus dem Reifen läßt. Nicht alle Luft auf einmal. Aber so nach und nach Luft, bis unser sportlicher Chauffeur plötzlich denkt: Hoppla, aufgepaßt! Sonst kommst du ins Schleudern! Er verliert immer mehr die Kontrolle über den Wagen, bis er schließlich findet: Weniger Gas ist besser. Zu guter Letzt steigt er aus und schaut nach. Spätestens jetzt merkt er, daß er gar nicht soviel Luft in den Reifen hatte, wie er glaubte.
Das »Heinzelmännchen« trieb Dämpfungstechnik.
Mit der Dämpfungstechnik besitzen Sie eine sehr feine Art der Kritik, wenn Sie zum Beispiel einem Gesprächspartner zu verstehen geben wollen, daß er bei weitem nicht so wichtig, tüchtig, klug und informiert ist, wie er glaubt oder vorgibt, zu sein.
Bei den folgenden Formulierungen kommt es entscheidend auf Ihre Körpersprache und den Tonfall an. Es macht also wieder einmal der Ton die Musik.
Natürlich will niemand gedämpft werden. Denn was heißt: jemanden dämpfen? Ihm einige kleine Schwierigkeiten in den Weg legen, und bestünden diese Schwierigkeiten nur darin, ihn zu zwingen, gezielte Fragen zu beantworten. Jeder, der ein Ziel ansteuert und dabei auf Hindernisse stößt, fühlt sich frustriert und wird innerlich zappelig. Verwenden Sie also die Dämpfungstechnik nur als eine Notbremse.
- »Sind Sie sicher, daß es sich beim Verfasser des Artikels nicht um einen Soldschreiber handelt?«

- »Sie sagen, Sie hätten es von irgend jemand gehört. Würde uns dieser ›Irgend jemand‹ notfalls als Zeuge dienen?«
- »Sie sagen: Man sagt. Wer ist dieser ›Man‹?«
- »Ich habe im Kriegsgefangenenlager irgendwelche Latrinenparolen ausgegeben, das heißt, irgend etwas aus der Luft Gegriffenes, zum Beispiel: ›Morgen werden wir den Franzosen ausgeliefert‹, in Umlauf gesetzt. Und dann habe ich gewartet, bis diese Neuigkeit bei mir wieder angelangt war. Seitdem bin ich etwas skeptisch gegenüber dem, was man so hört.«
- »Warum erzählen Sie mir das?«
- »Warum haben Sie mir nur dies erzählt, warum nicht auch das von XYZ?«
- »Habe ich diesen Vorschlag nicht schon irgendeinmal gehört?«
- »Habe ich dies nicht schon einmal gelesen?«
- »Ist das Ihr Ernst?«
- »Ist das tatsächlich Ihr Ernst?«

Verunsichernd wirken auch Mittel der Körpersprache, wie fragend zusammengezogene Augenbrauen, eine mephistophelisch angehobene Augenbraue, ein vor Sprachlosigkeit halboffener Mund, gleichgültige Blicke hinaus zum Fenster, gelangweiltes Trommeln mit den Fingern, Schaukeln eines Fußes oder eine intensive Inspektion der Fingernägel, natürlich der eigenen.

Höflich aufzutreten heißt nicht, sich herumkommandieren zu lassen. Widerstehen Sie dem ersten Versuch eines anderen, Sie unhöflich zu behandeln. Da sagt jemand zu Ihnen bei Tisch: »Geben Sie mir ein Stück Brot!« Das ist ein Befehl, und niemand hier hat Ihnen etwas zu befehlen. Bevor Sie auch nur einen kleinen Finger rühren, fragen Sie, vielleicht etwas deutlicher als sonst: »Sie baten mich um ein Stück Brot?« – »Habe ich Sie richtig verstanden, daß Sie mich um ein Stück Brot *baten*?«

- »Verzeihen Sie, worum *baten* Sie mich?«

Über Rollenspiel und Inszenierung:
Bewußt oder unbewußt spielen wir eine Unzahl von Rollen, tagaus – tagein. Selbst im Traum agieren und reagieren wir noch im Rollenspiel. Nicht nur wir selbst spielen Rollen, auch unsere Partner tun es. Treffen sich zwei oder mehrere Menschen, erfolgt eine Auseinandersetzung der jeweiligen Rollenträger, nicht dagegen der Menschen, die sich hinter den augenblicklichen Masken verbergen.

Eine Polizeistreife erwischt einen Autofahrer, wie er ein Verbotszeichen mißachtet. Angehalten und zur Rede gestellt, spielt er nun die Rolle des Unwissenden, des Unschuldigen oder des Rebells gegen polizeiliche Willkür.

Ein anderer spielt in seiner Firma die Rolle des Unfehlbaren, des Siegesgewohnten, des Unwiderstehlichen, während er im Disput mit seinen Kindern die Rolle des Gequälten, des ewig Mißverstandenen, des Geschlagenen einnimmt.

In diesem Zusammenhang soll das Wort vom Rollenspiel nicht an einen Bühnenschauspieler denken lassen, der heute abend den Faust und morgen abend einen lustigen Bauern darstellt.

Rollenspiel in unserem Sinne bedeutet vielmehr, einer sozial-psychologischen Erwartung gerecht zu werden. Sind Sie krank, erwarten Sie, daß Ihr Arzt an Ihrem Bett eine andere Rolle spielt, als wenn Sie neben ihm auf einer Party stehen.

Wer die Macht des Wortes einsetzen will, muß erkennen, welche Rolle von ihm in der jeweiligen Lage erwartet wird. Ein Arzt, der am Krankenlager seines Tennispartners Witze reißt, sich nicht die Schilderung seiner Leiden anhört, sondern vom nächsten Doppel träumt, wird seiner Rollenerwartung kaum gerecht. Der für die Party des Tennisvereins verantwortliche Arzt, der das Programm mit der eisernen Hand durchpaukt, mit der er auch für Leistung in seiner Klinik sorgt, versündigt sich gegen die von ihm erwartete Rolle. Die Festgäste erwarten hier von ihm nicht chefärztliches Auftreten, sondern die Leichtigkeit und den runden Schliff eines Maître de plaisir.

Könner auf dem Gebiet des Gesprächs entsprechen also jeweils den Rollenerwartungen, die in sie gesetzt werden. Sie gehen einen Schritt weiter: Sie gestalten ihre jeweilige Rolle.

Es ist möglich, daß den Arzt, der ans Krankenbett seines Tennispartners gerufen worden ist, dessen Klagen wirklich nicht interessieren, weil er sie schon auswendig kennt.

Außerdem denkt er im Unterbewußtsein schon an die Rede, die er jetzt gleich vor dem Tennisverein halten muß. Als guter Arzt wird er sich aber keinerlei Zeitnot oder gar Hetze anmerken lassen, er wird sich auf die Beschwerden seines Patienten so ausschließlich konzentrieren, als ob er davon zum ersten Mal erführe. Er wird sich sogar gefragt haben, ob er in seinem weißen Smokingjackett zum Kranken geht oder ob er sich nicht umzieht. Komme ich im Smokingjackett, mag sich der Patient denken: Er ist in Gedanken bereits auf dem Ball, wenngleich er noch Sorge um mich heuchelt. Vielleicht beläßt er es aber bei seiner Festkleidung, um dem Kranken zu zeigen: Und wenn ich deinetwegen den ganzen Ball versäume, ich bin nur für dich da, und zwar so lange, wie du mich brauchst.

Auf alle Fälle räsoniert er über seine zweckmäßigste Rolle und gestaltet sie dann dementsprechend.

Menschen, die ihre Umwelt beeinflussen müssen oder wollen, gestalten nicht nur ihre Rollen, sie gehen einen Schritt weiter: Sie führen Regie. Und die anderen reagieren meist auf darauf.

Nordamerikanische Militärpsychologen untersuchten, wie laut Befehle gegeben werden mußten, damit sie optimal ausgeführt wurden. Dabei entdeckten sie eine Gesetzmäßigkeit. Ein Gesprächspartner antwortet in der Lautstärke, in der er angeredet wird. Schreie ich ihn an, hebt auch er die Stimme, selbst am Telefon. Spreche ich leise, spricht auch der andere leise. Zweite Beobachtung: Gesprächspartner nehmen die Stimmung an, die der sie Ansprechende ausstrahlt. Es steckt also nicht nur Gähnen an, sondern auch Wut, Langeweile, Optimismus und Freude.

Als ich vor Jahren Ärztebesucher der Pharmaindustrie ausbildete, klagten immer wieder einige dieser Firmenvertreter, Ärzte seien oft sehr ungehalten über ihren Besuch. Nach Prozentsätzen befragt, nannten sie die unterschiedlichsten Zahlen. Bei dem einen war jeder 4. Arzt unfreundlich, bei dem anderen nur jeder 20. oder 30.

Solche Differenzen veranlaßten zum Nachdenken. Das Ergebnis: Außendienstmitarbeiter, die kaum einen einzigen »unmöglichen« Doktor in ihrem Revier hatten, lachten gern und schnell. Vertreter, die häufig auf wenig nette Ärzte stießen, zählten selbst zu den Ernsten, die sich Zeit ließen, bevor sie lachten. Die Unwirschen, die leicht Depressiven, die Tragischen begegneten so vielen patzigen Medizinern, daß man fast der Meinung zuneigen könnte, dieser Beruf ziehe alle Mißgelaunten einer Nation an.

»Wie man in den Wald hinein ruft, so schallt es wieder heraus«, sagte ein Vater, der seinem Sohn eine schallende Ohrfeige für eine freche Antwort gab.

Die alte Wahrheit: Es kommt nicht nur darauf an, wer etwas sagt, sondern auch, was er sagt, wie, wo, wann und warum er es sagt.

Ein Beispiel: Vorgesetzter A muß der Mitarbeiterin B erneut klarmachen, daß sie in letzter Zeit immer mehr Fehler macht. A, der auf seinen jovialen Umgang mit den Mitarbeitern stolz ist, bittet an einem Montagmorgen B in sein Büro. »Nun, Fräulein B«, sagt er zu der nußbraun gebrannten Sekretärin, »Sie scheinen ja das Wochenende wieder herrlich genutzt zu haben . . . So, Sie waren mit Ihrem Freund beim Segeln. Na, wenn ich Sie so strahlen sehe«, grinst er, »muß ich fast annehmen, daß es auch sonst noch recht angenehm zuging . . .«

Wie will er nach einem so frivolen Ton auf den eigentlichen Zweck des Gesprächs kommen?

Eine weniger tolpatschige Lösung: »Man sieht, Sie haben das Wochenende zu Ihrer Erholung genützt. Sie haben Erholung auch nötig. Ihr Aufgabengebiet verlangt eine gewisse Konzentration. In dieser Hinsicht ist in der vergangenen Woche wieder einiges schiefgegangen . . .«

Noch direkter wäre folgendes Vorgehen: »Man sieht, Sie waren am Wochenende viel in der Sonne. Vom gesundheitlichen Standpunkt vielleicht zu viel. Starke Sonneneinwirkung schadet den Nerven. Das wissen Sie. Liegt es an Ihren Nerven, daß Sie in der vergangenen Woche wieder einige grobe Fehler gemacht haben? Ihre Bezahlung berücksichtigt, daß Sie sich bei der Arbeit stark konzentrieren müssen. Was haben Sie dazu zu sagen?«

In jedem der 3 Fälle liegt eine andere Regieführung vor.

Regieführung schließt auch die Wahl des Zeitpunktes für die Aussprache ein.

Fräulein B war beim Diktat. Als sie gehen will, sagt A: »Ach, bleiben Sie noch einen Moment, ich möchte mit Ihnen etwas besprechen.«

Im anderen Fall läßt A Fräulein B ohne routinemäßigen Anlaß in sein Büro kommen und führt dann das Gespräch.

Eine weitere Möglichkeit: Er nimmt Fräulein B sofort am Montagmorgen mit in sein Büro, sozusagen als erste Diensthandlung von größter Wichtigkeit.

Um dem Gespräch den Charakter des Ungewöhnlichen zu geben, bietet er ihr einmal keinen Platz an, sondern läßt sie vor seinem Schreibtisch stehen. Vorher hat er sich überlegt, wie er reagieren wird, wenn sie sich ohne seine Aufforderung setzen sollte. Wird er fragen: »Habe ich Ihnen einen Platz angeboten?«

Was macht er, wenn B trotzig, kleinlaut, zerknirscht, heulend auf seine Worte antwortet?

Denken Sie vor der Eröffnung eines Gesprächs bereits daran, wie es enden soll. Soll es heiter enden, beginnen Sie heiter. Soll es ernst enden, fangen Sie ernst an.

Ein Stimmungswechsel im Gespräch wird als gewollt erkannt. Wer ganz raffiniert vorgeht, kann natürlich auch einen Stimmungswechsel einkalkulieren. Aber er muß immer wissen, was er erreichen will.

Viele Schachpartien und viele Gespräche scheitern an der falschen Eröffnung.

Zu den falschen Eröffnungen zählt auch, so schüchtern aufzutreten, daß Sie Peinlichkeit verbreiten, weil man Ihnen Ihr Unbehagen ansieht. Es macht keinen Spaß, jemand in der Nähe zu wissen, der sich nicht wohl fühlt oder der gar leidet.

Was immer Sie sagen: Die ersten paar Worte sind die wichtigsten. Deshalb müssen Sie diese Worte so deutlich und laut sprechen, daß Sie verstanden werden. »Wie war doch nochmal

Ihr Name?« und »Was haben Sie gesagt?« Solche Fragen, an Sie gerichtet, beweisen Ihnen, daß Sie zu kleinlaut, zu unbedeutend aufgetreten sind. Fragen Sie sich dann: Habe ich zu leise, zu schnell gesprochen? Habe ich zu reden begonnen, bevor mich der andere überhaupt wahrgenommen hat?

Sie kommen an die Rezeption eines Hotels. Die dort beschäftigte Person arbeitet einige Meter von Ihnen entfernt an einer Liste. Sorgen Sie dafür, daß diese Person die Arbeit einstellt, besser noch, zu Ihnen herkommt, bevor Sie ihr sagen, was Sie wünschen. Sagen Sie laut und deutlich:

- »Ich brauche Ihre Hilfe.«
- »Bitte, helfen Sie mir.«
- »Ich habe ein Problem. Ich bitte um Ihre Hilfe.«
- »Können Sie herkommen und mir helfen?«

Sprechen Sie, wenn Sie besondere Aufmerksamkeit erregen wollen oder müssen, langsam. Wissen Sie überhaupt, ob Sie zu schnell oder zu langsam sprechen? Wenn Sie dies nicht wissen, dann nehmen Sie ein Buch, sagen wir einen Roman, zählen 120 Wörter ab und lesen diese 120 Wörter, indem Sie auf die Uhr schauen. Sie sprechen normales Tempo, wenn Sie dazu ungefähr 1 Minute brauchen. Schlagen Sie im Zweifelsfall ein langsameres Tempo an. Stellen Sie sich vor, Sie wollen jemandem eindringlich etwas klarmachen. Würden Sie dann überstürzt artikulieren? Oder würden Sie nicht eher sagen: »Und *eines* will ich Sie nochmals wissen lassen, zum *letzten Male* wissen lassen . . .«

Verfallen Sie nicht in den Fehler, für alle Ihre Taten oder Unterlassungen eine Begründung abzugeben. Eine Begründung sind Sie natürlich schuldig, wenn Ihr Benehmen ohne Begründung unhöflich wirkte.

Ein Beispiel: Es gibt Paella, und man hat Sie gebeten, pünktlich zu kommen, da Gäste auf die Paella warten sollen und nicht die Paella auf die Gäste. Die Hausfrau hat sich alle nur erdenkliche Mühe gemacht, um eine exquisite Paella hinzuzaubern. Kommen Sie nun zu spät, haben Sie sich zu entschuldigen und dafür einen triftigen Grund anzugeben.

Ein kleiner Trick, wenn Sie aus irgendeinem Grund zu spät

kommen wollen oder müssen: Sie rufen zu der Zeit an, da Sie eigentlich kommen müßten, und geben einen Grund für Ihre Verspätung an. Was wird der Hausherr oder die Hausfrau nun tun? Sie werden den anderen Gästen erzählen, daß Sie bedauern, erst später kommen zu können. Damit haben Sie folgendes erreicht:

- Sie haben die Form gewahrt und Ihre Verspätung entschuldigt.
- Ihr Name wurde genannt. Hinterher wird man sich bei der Vorstellung Ihren Namen leichter merken können.
- Wenn Sie dann kommen, erregen Sie mehr Aufmerksamkeit, als wären Sie mit der Herde der anderen eingetroffen.

Sollten Sie jedoch meinen, dieser Trick könnte zu Ihrer »Masche« werden, dann ist es für Sie nicht schwer, sich auszurechnen, wie alle sich über Ihren nächsten Anruf amüsieren oder ärgern werden.

Fragetechnik

Die Beherrschung der Fragetechnik ist das A und O jeglicher Gesprächs*führung*. Wer zu fragen versteht, gilt als gewandter Plauderer, auch wenn sein »Plaudern« nur aus Fragen besteht. Eines allerdings vorausgesetzt: Der Befragte muß die Fragen gern beantworten. Jeder Mensch beantwortet gern solche Fragen, die ihn über sich selbst sprechen lassen.

Ein Wortelocker ist die *offene Frage:* Sie zwingt den Befragten zu längeren Ausführungen, zumindest aber zu einem Satz. Beispiel: »Warum haben Sie einen Hund?«

Nun kann der Befragte über seine Erfahrungen mit Hunden, seine Gefühle, schließlich also über sich selbst sprechen.

Da hat jemand behauptet, er würde die Darstellung von Brutalitäten im Fernsehen verbieten.

»Warum?«

Jetzt kann der andere seine Erfahrungen, seine Weitsicht, seinen wertvollen Charakter und was sonst noch darstellen.

Weitere Wortelocker:

- »Was Sie nicht sagen!« (Ohne ironischen Beigeschmack gesprochen!)
- »Wirklich?«
- »Wer hätte das gedacht?«
- »Ist das wirklich so?« (Interesse, aber keine Skepsis ausdrücken!)
- »Hätten Sie das geglaubt, wenn Sie es nicht von Berufs wegen wüßten?«

Vorsicht bei der *Suggestivfrage!*

Beispiel: »Sie sind doch auch der Meinung, daß . . .«

Diese Form übt auf den Befragten einen gewissen Druck aus,

der vielleicht sogar als eine Art Erpressung empfunden werden kann.

Die Technik der *Umwandlungsfrage* bietet einen Schild gegen Aggressionen.

Beispiel: »Die Bremsen dieses Leihwagens sind viel zu schwach.«

Statt zu widersprechen und Ihren Partner zu reizen, ziehen Sie sich hinter die Umwandlungsfrage zurück.

- »Sie meinen, daß die Bremsen stärker sein sollten?«
- »Wie stark sollten Ihrer Meinung nach die Bremsen sein?«
- »Warum müßten nach Ihrer Ansicht die Bremsen stärker sein?«

Darauf dürfen Sie Antworten erwarten, die Sie über die wahren Hintergründe des Einwands aufklären. Dann kommt sicher der Augenblick, da man einflechten kann:

- »Sie werfen da eine sehr interessante Frage auf« oder
- »Ihr Standpunkt ist sehr interessant.«

Jetzt, da der Gesprächspartner Dampf abgelassen hat und anerkannt worden ist, hat man Gelegenheit, vorsichtig darzulegen, daß die Bremskraft dieses Wagens ausreichend ist.

Gegenfragen gelten als unhöflich. Sie wirken aufreizend. Beispiel:

- »Woher wollen Sie wissen, daß ich das gesagt habe?«
- »Warum sollte ich das nicht wissen?«

Ein Pärchen unterhält sich, wo es den Urlaub verbringen möchte.

Sie: »Ich würde gern ans Mittelmeer fahren.«

Er: »Was? In diesen Trubel!«

Sie: »Wir brauchen ja nicht dorthin zu fahren, wo alles überfüllt ist. Außerdem, so schlimm ist das auch wieder nicht mit dem Trubel. Du hast manchmal Trubel ganz gern.«

Er: »Weißt du noch, wie sie uns in Nizza ausgenommen haben? Das Mittelmeer ist ganz einfach zu teuer.«

Sie (mit feuchten Augen): »Du fährst ja mit mir nie dorthin, wohin ich möchte.«

Krach.

Nochmals die gleiche Lage.

Sie: »Ich würde gern ans Mittelmeer fahren.«

Er: »Was? In diesen Trubel!«

Sie: »Das Mittelmeer ist dir im Sommer zu übervölkert?«

Er: »Absolut. Und diese unverschämten Preise!«

Sie: »Möchtest du einmal einen Urlaub in der Einsamkeit verbringen?«

Er: »Einsamkeit? So ganz ohne Urlauber ist das nicht das Wahre. Ein bißchen sollte schon los sein.«

Sie: »Also tagsüber Ruhe und Entspannung. Und abends dann, wenn wir Lust haben, ausgehen mit oder ohne Tanz?«

Er: »Genau!«

Sie: »Einverstanden, wenn ich morgen im Reisebüro einige Prospekte hole?«

Er: »Na klar!«

Sind Sie nicht auch fast sicher, daß die beiden am Mittelmeer landen werden? Aber wieviel geschickter hat »Sie« es das zweite Mal angepackt! Mit der Fragetechnik.

Die Fragetechnik kann aber auch verunsichern, wenn sie den Hauch des Geheimnisvollen hat. Ein verunsicherter Mensch neigt zur Vorsicht, zur Verstellung und zur Verschwiegenheit. Stelle ich geheimnisvolle Fragen, muß ich also damit rechnen, in die Irre geführt zu werden.

Da eröffnet ein Chef das Gespräch mit einem Abteilungsleiter:

»Meinen Sie, wir sollten einige Abteilungsleiter zu einem Seminar über modernen Führungsstil schicken?«

Was wird dieser Abteilungsleiter sofort denken?

- Meint er mich?
- Ist er mit meinem Führungsstil unzufrieden?
- Meint er einen anderen Abteilungsleiter?
- An wen könnte er denken?
- Will er den mehr fördern als mich?

Kurzum, eine ganze Reihe von Fragen schießt unserem Abteilungsleiter durch den Kopf, die ihn verunsichern und seine Antwort dementsprechend färben werden.

Verunsichernde Fragen können natürlich auch gewollt sein, wenn jemand zum Beispiel glaubt, er müsse einen aufmüpfigen oder aufgeblähten Zeitgenossen wieder auf sein Normalmaß zurückführen. Dazu eignet sich die Dämpfungstechnik (siehe »Imagepflege durch das Gespräch«).

Die Kunst des Überhörens

Ein sehr erfolgreicher Kaufmann erzählte einmal folgende Geschichte:

»Ich wollte einem vermögenden Mann eine Büromaschine verkaufen, die er notwendig gebraucht hätte. Aber er antwortete mir, daß ihm hierzu die Mittel fehlten. Da lächelte ich ihn an und sagte: ›Wirklich, heute haben wir ein sehr schönes Wetter.‹ Dann fuhr ich in meiner Argumentation fort.

Der Mann lächelte zurück und erwähnte den Zustand seiner Finanzen nicht mehr.«

Das war ein Versuch, Bemerkungen zu überhören, wenngleich der andere verstand, daß sein Einwand sehr wohl registriert worden war.

Grundsätzlich sollten wir alles überhören, worauf wir aus irgendeinem Grund nicht eingehen wollen. Solche Bemerkungen sind:

Kleinliche, rachsüchtige Äußerungen:

- »Du würdest ja nie anrufen, wenn ich nicht anrufen würde . . .«
- »Von dir könnte man keinerlei Hilfe erwarten, wenn man sie einmal brauchen sollte . . .«
- »Wüßten deine Freunde, was du für einer bist, sie würden sich alle entsetzt von dir abwenden . . .«
- »Aus dir wird bestimmt nichts . . .«

Antworten Sie darauf, kann es gar nicht ausbleiben, daß ein Streit entsteht. Hassen Sie Streit? Dann üben Sie sich im Überhören.

Dumme Bemerkungen:
- »Für mich ist Willy Strauß der größte lebende Politiker.«
- »Für mich ist Franz-Josef Brandt der größte lebende Politiker.«
- »Antibiotika sind in jedem Fall des Teufels.«
- »Auch ein Gläschen Wein ist schon Gift.«
- »Wer sich eine Schreibmaschine kauft, kauft sich nur Probleme.«

Bemerkungen, auf die wir im Augenblick keine passende Antwort wissen:
- »Du sagst, du liebst mich jetzt. Aber in fünf Jahren?«
- »Wie willst du wissen, was unser Sohn im Augenblick macht?«

Überhören ist im Zweifelsfall auch sogenannten »treffenden Erwiderungen« vorzuziehen. Mit einer treffenden Bemerkung treffen wir den anderen, und er kann dann sehr leicht betroffen sein. In dem Wort »Erwiderung« steckt »wider«, was soviel wie »gegen« heißt – Gegnerschaft, Streit, Reibereien, Kampf.
Welche Gefühle ruft dagegen unser Schweigen im anderen hervor?
- Er gibt mir recht. Er widerspricht mir nicht. Er geht in sich. (Warum wollen wir ihm eigentlich nicht diese kleine Freude bereiten? Wahrscheinlich irrt er sich gründlich. Macht es Ihnen wirklich keinen Spaß, wenn sich Ihr Gegner irrt? Viel gefährlicher sind Gegner, die sich nicht irren.)
- Er besitzt wahrhaft Seelengröße, weil er sich angreifen läßt, ohne zurückzuschlagen. Wie überlegen ist er und spielt dies nicht aus.
- Vielleicht bin ich mit meinen Angriffen doch ein wenig zu weit gegangen und habe etwas behauptet, was zu beantworten unter seiner Würde lag?
- Dieser Mensch neben mir hält es nicht einmal für nötig, auf meine Angriffe einzugehen. Bedeute ich ihm so wenig?

In der Mehrzahl der Fälle wird bei dieser Konstellation ein erneuter Angriff zu erwarten sein. Wenn Sie auch diesen und die nächsten standhaft überhören, müssen Sie auf zweierlei gefaßt sein: Entweder gibt Ihr Gesprächspartner entnervt auf oder er flüchtet sich in einen hysterischen Anfall. Hysterie ist der Versuch, mit allen nur möglichen, wenngleich gesellschaftlich unmöglichen Mitteln, auf sich aufmerksam zu machen. Sie haben also auch Tränen, Tobsuchtsanfälle, Teppichbeißen, Mord- oder Selbstmorddrohungen zu gewärtigen. Aber Sie wissen: Ein vorgewarnter Mensch leistet soviel wie zwei.

Statt Bemerkungen völlig zu überhören, können Sie natürlich auch den alten Trick der Politiker und Verkäufer anwenden und sagen:

- »Ihre Bemerkung finde ich sehr gut. Darf ich später darauf zurückkommen?«

- »Ich finde deine Ansicht wert für eine längere Diskussion. Ich komme gern darauf zurück. Zunächst aber glaube ich, sollten wir Folgendes zu Ende besprechen . . .«

- »Glänzend! Auf diesen Einwand habe ich gewartet. Ich antworte gern darauf. Aber erst, nachdem ich das augenblickliche Thema zu Ende diskutieren durfte . . .«

Ich habe noch nie jemand angetroffen, der mir mitten ins Gesicht geschleudert hätte: »Nein! Jetzt und sofort gehen Sie auf meine Bemerkungen ein.« Sie müßten es wirklich mit einem sehr hartnäckigen Zeitgenossen zu tun haben, der Ihnen nach einiger Zeit ins Gedächtnis zurückruft, daß Sie versprochen haben, auf dieses und jenes zurückzukommen. Meistens werden solche Zusagen ganz einfach vergessen, und man begnügt sich damit, daß Sie die Bemerkung für so wichtig halten, später darauf zurückkommen zu wollen.

Sollte dann wirklich jemand so impertinent sein, Sie an Ihre in Aussicht gestellte Erwiderung zu erinnern, haben Sie mehrere Möglichkeiten, dieser Peinlichkeit zu entfliehen:

- »Leider reicht die Zeit nicht mehr, darauf einzugehen.«

- »Ich habe das Gefühl, daß im Laufe des vorhergegangenen Gesprächs eigentlich klar geworden ist, wie ich zu der angeschnittenen Frage stehe.«

Sollte Ihrem Gesprächspartner nicht ganz klar geworden sein, wie Sie dazu stehen, weil Sie sich nämlich zu seinen Bedenken überhaupt nicht geäußert haben, dann können Sie immer mit seinem schlechten Gewissen rechnen, das ihm zuraunt: Offenbar hast du nicht richtig aufgepaßt. Wahrscheinlich ist dir etwas entgangen . . .

Vielleicht probieren Sie es auch folgendermaßen:

- »Nach allem, was ich gesagt habe, schäme ich mich fast, meinen Standpunkt nochmals darstellen zu müssen. Sollte ich mich wirklich so schwerfällig ausdrücken? Sollte ich wirklich auf der ganzen Linie mißverstanden worden sein?«

Wenn Sie richtig in Schwung sind und die Wirkung Ihrer Worte genießen, können, aber müssen Sie nicht nachfassen:

- »Soll ich wirklich nochmals in die Volksschule gehen, um zu lernen, mich klar auszudrücken? Da rede ich nun 5, 10, 63 Minuten (bitte vorher kurz auf die Uhr schauen!) und fühle mich immer noch unverstanden. Unverstanden, als ob ich eine Fremdsprache sprechen würde . . .«

Werden Sie bitte nun nicht unverschämt. Es besteht nämlich die Gefahr, daß Ihre Rhetorik Sie mitreißt und Sie geneigt wären zu sagen:

- »Oder spreche ich wahrhaftig eine Fremdsprache für dich/ für Sie? Versteht niemand die Sprache meines Herzens? Oder will niemand die Sprache meines Herzens verstehen?«

Einwendungen begegnen

Sie können Einwendungen überhören.

Sie können aber auch darauf eingehen. Dazu gibt es einige Techniken:

Sie wandeln das Negative des Einwands um in ein Positivum, das Ihnen nützt:

Eine Frau lehnt Ihre »Bemühungen« mit der Bemerkung ab, daß Männer im allgemeinen das Interesse an Frauen verlieren, sobald sie deren Gunst genossen haben.

- »Das mag für viele Männer stimmen. Ich kann mich aber nicht zu einer Frau für lange Zeit hingezogen fühlen, wenn ich sie nicht ganz kenne.«

- »Wie soll ich jetzt sagen, ob ich Sie nur für eine Nacht oder für das ganze Leben liebe, wenn ich Sie nur, verzeihen Sie, halb kenne. Und nicht einmal halb! Denn das eigentliche Wesen einer Frau zeigt sich erst, wenn sie sich ganz gegeben hat.«

- »Würden Sie eine Katze im Sack kaufen? Nein! Dafür sind Sie viel zu klug. Was aber verlangen Sie von mir? Sie erwarten Versprechungen, ohne daß ich Sie überhaupt kenne. Jedenfalls in entscheidenden Teilen Ihres Wesens nicht kenne.«

Einem Verkäufer von Seminaren für Rhetorik wird immer wieder entgegengehalten: »Ich interessiere mich nicht für Rednerseminare. Ich spreche ganz selten in der Öffentlichkeit.«

- »Gerade deswegen brauchen Sie ein Rednerseminar. Von einem führenden Gemeindemitglied erwartet man eine Stellungnahme zu den Problemen der Gemeinde. Sie hätten bestimmt oft dazu etwas zu sagen. Aber Sie sagen nichts. Weil Sie Redehemmungen haben. Aber warum haben Sie Redehemmungen? Weil Sie unser Seminar noch nicht absolviert haben.«

Da beklagt sich eine Frau, daß sie sich von den Liebesbeteuerungen eines Herrn namens A belästigt fühle.

- Dazu meint Herr A: »Ich weiß, Sie lieben mich nicht. Deswegen betrachten Sie den Ausdruck meiner Gefühle als Belästigung. Es ist in aller Munde: Sie schwärmen für Herrn B. Wovon aber die Leute auch reden: Daß Herr B sich nicht allzu viel aus Ihnen macht. Lieben Sie Männer, die sich nicht allzu viel aus Ihnen machen? Es würde Ihrem Image nicht schaden, wenn Sie einmal mit mir ausgingen. Keine Lust? Wie wär's mit morgen abend?«

Sie bringen den Protestler dazu, seine eigenen Bedenken zu entkräften:

Herr A behauptet, daß mit dem Kauf von Aktien überhaupt kein Geld zu verdienen sei. Würden Sie ihm einen Vortrag halten, der ihn vom Gegenteil überzeugen könnte, noch nie wäre Herr A so fanatisch gegen Aktien eingestellt gewesen als am Ende Ihrer Ausführungen. Also versuchen Sie eine andere Taktik:

- »Was Sie, Herr A, da soeben gesagt haben, interessiert mich enorm. Schließlich lebe ich vom Verkauf von Aktien. Würden Sie mir deswegen die Gründe für Ihre Ablehnung sagen?«
- »Warum sind Sie dieser Ansicht? Sie müssen Gründe dafür haben . . .«

A wird nun anfangen, seine Ansichten darzustellen, was Ihnen reichlich Gelegenheit gibt, vorsichtig Ihre Erwiderungen dazwischenzuschieben.

Kurz nach ihrer Scheidung will Frau C Sie überzeugen, daß sie sich nie mehr mit einem Mannsbild abgeben werde.

- »Ich verstehe sehr wohl Ihre Enttäuschung und Ihre Vorsicht. Was ich bisher von Ihnen erfahren habe, verführt mich direkt dazu, Ihnen Vorsicht anzuraten, wenn Sie dies überhaupt noch nötig haben sollten. Aber sagen Sie mir, warum Sie von einem Mann auf alle anderen schließen wollen?«

Sie bringen ein analoges Beispiel, das die Einwendungen entkräftet:
- »Was Sie da erzählen, erinnert mich an eine alte Bekannte von uns. Sie lebte mit ihrer Schwester zusammen und behandelte diese wie ihre Sklavin. Wenn die Sklavin nicht spurte, wie die Schwester es wollte, griff sich diese ans Herz und drohte mit einem Infarkt . . .«
- »Ich kenne noch einen, der zunächst nichts von Obligationen hielt. Heute ist er Millionär.«

Sie geben offen zu, daß der Einwand berechtigt ist:
- »Richtig, zur Urlaubszeit riskiert man, in einen Verkehrsstau zu geraten. Ich kenne aber in der besagten Gegend alle Nebenstraßen, so daß wir Ausweichmöglichkeiten haben.«

Können Sie den Einwand nicht überhören, überlegen Sie sich, ob Sie den Gesprächspartner nicht bitten, *seinen Einwand zu wiederholen*. Sehr häufig hat er nicht mehr den Mut, dies in der alten Form zu tun. Er schwächt ihn ab oder sagt: »Nun, so ernst war dies auch nicht gemeint.«
- »Würden Sie das bitte wiederholen?«
- »Habe ich richtig gehört? Würden Sie das bitte wiederholen?«

Vermeiden Sie den weitverbreiteten Fehler »Ja – aber –«
Ich kenne einen Arzt, der zu einem Außendienstmitarbeiter der pharmazeutischen Industrie sagte: »Wenn Sie noch ein einziges Mal einen Satz mit ›Ja, aber . . .‹ anfangen, können Sie zusammenpacken und gehen.«
Bei der Behandlung von Einwendungen sollten wir nicht so schnell mit dem »aber« kommen, sondern das »Ja«, also unsere Zustimmung, etwas ausbauen. Ein Beispiel:
»Sie sind verärgert, weil Sie Schwierigkeiten mit Ihrer Mutter hatten. Ich verstehe das. Wahrscheinlich haben Sie sich größte

Mühe gegeben, ihr den Urlaub so schön wie nur möglich zu gestalten. Aber alte Leute sind oft sehr schwierig . . .«
So besteht weniger Gefahr, daß der andere nur »aber . . ., aber . . .« hört.

Die Sprache der Diplomaten

Die Zeiten sind vorbei, daß sich Diplomaten als »ehrenwerte Spione« bezeichneten. Ein Diplomat sollte auch kein Mann sein, »der dazu ausersehen ist, im Ausland für das Wohl seines Vaterlandes zu lügen«. Dieses Bonmot eines britischen Gesandten erwies sich insofern als undiplomatisch, als es ihn um seine Wiederverwendung in den Diensten seines Landes brachte.

Diplomatie ist nach der Definition des Briten Sir Ernest Satow »die Anwendung von Intelligenz und Takt zur Unterhaltung offizieller Beziehungen zwischen den Regierungen unabhängiger Staaten«. Und so wollen auch wir einen Menschen »Diplomat« nennen, der im Umgang mit seinesgleichen Intelligenz und Takt anwendet. Für den Berufsdiplomaten wie für den Lebensdiplomaten versteht es sich von selbst, daß sie jene Tugenden besitzen, die der Diplomat und Schriftsteller Harold Nicolson als »diplomatische Tugenden« bezeichnet hat: Wahrheitsliebe, Genauigkeit, Ruhe, Gelassenheit, Geduld, Bescheidenheit und Loyalität.

Ein intelligenter Mensch wird nur in allerletzter Notwehr die Unwahrheit sagen. Da ungenaue Angaben Verwirrung stiften oder gar den Verdacht der Verschleierung aufkommen lassen, wird der Diplomat seine Angaben präzisieren, wann immer ihm dies notwendig erscheint. Nicht überboten werden kann die Bedeutung der Genauigkeit in der Beobachtung des Gesprächspartners und in der Analyse seiner Äußerungen. Ein Mangel an Ruhe, Gelassenheit und Geduld würde die Dominanz sowohl von Intelligenz wie auch von Takt beeinträchtigen.

Wenn Nicolson Bescheidenheit als diplomatische Tugend fordert, dann deshalb, weil der Diplomat seine Person seinem Ziel unterordnet. Loyalität verlangt Nicolson schließlich von Diplomaten, weil diese eine dienende Funktion haben. Wo aber bleiben, so mögen Sie nun fragen, die anderen diplomatischen Fähigkeiten wie Intelligenz, Wissen, Urteilskraft, Klugheit, Gastfreundschaft, Charme, Fleiß, Mut, Takt? Hierauf antwortet Harold Nicolson: »Ich habe diese Eigenschaften nicht vergessen. Ich habe sie als selbstverständlich vorausgesetzt.«

Es gibt eine Spezialsprache der Berufsdiplomaten, die uns hier nicht interessiert. Sagt ein Diplomat: »Die Bundesregierung sieht mit Sorge . . .«, dann ist allen Beteiligten klar, daß die Bundesregierung in der betreffenden Angelegenheit eine starke Haltung einzunehmen gedenkt. Äußert ein Diplomat: »In solch einem Fall würde meine Regierung sich verpflichtet sehen, ihre Lage sorgfältig zu erwägen . . .«, heißt dies: »Freunde, paßt auf, daß aus uns nicht Feinde werden!«

Geschäftsleute bedienen sich beim Verfassen von Zeugnissen einer ähnlich standardisierten Sprache. So etwa, wenn sie einem inkompetenten Mitarbeiter für seinen weiteren Berufsweg bescheinigen, daß er sich »Mühe gegeben hat, den an ihn gestellten Anforderungen gerecht zu werden«.

Über allem diplomatischen Handeln, und das heißt über jedem diplomatischen Gespräch sollte der Leitspruch eines der fähigsten Diplomaten stehen: »Pas surtout trop de zèle«. Vor allem nicht zuviel Eifer – diesen Ratschlag gab Talleyrand Schützlingen, die er besonders fördern wollte, und diesen Ratschlag befolgte er sein Leben lang selbst.

Wer sich nicht zu sehr ins Zeug legt, wird nicht gerade das stärkste Wort und nicht den treffendsten Ausdruck wählen. Er wird sich Hintertürchen offen halten. Er wird nicht mit einem Hammer seine Ansichten bekräftigen, sondern mit einer nonchalanten Bewegung der Hand. Wenn er schon sticheln muß, bevorzugt er die Spitze des Degens und nicht den Meißel des Preßlufthammers. Absichtlich wird er sich manchmal auch verschwommen ausdrücken und Anlaß zu Ratespielen geben.

Zweideutigkeiten dienen mitunter seinen Absichten. Und trotz aller gelegentlich notwendigen Ausflüchte wird er der Wahrheit so nahe wie nur möglich bleiben – weniger aus moralischen Überlegungen, sondern aus Gründen der Klugheit. Der Diplomat verwendet gerne – ähnlich dem Anglosachsen – abschwächende Redewendungen. »Hier stehe ich. Ich kann nicht anders. Gott helfe mir! Amen!« (Martin Luther). Das ist sehr deutlich. Natürlich auch sehr wirkungsvoll. Und sehr gefährlich.

- »Als ich damals zu meiner Tante geschickt wurde . . .«
- »Der Brief wurde mir zugesandt . . .«
- »Die Zimmertür war aufgebrochen worden . . .«

In allen diesen 3 Fällen sage ich nicht, wer etwas getan hat, sondern ich stelle nur fest, was getan worden ist. Somit mache ich auch niemand verantwortlich. Diese Möglichkeit bewirkt der Passiv.

Gern wird das Wörtchen »man« von modernen Menschenverbesserern als charakterlos abgelehnt. Es hat aber den Vorteil, eine Aussage abzuschwächen. Es ist ein Unterschied, ob ich zu einem Autofahrer sage:

- »Sie fahren zu schnell.« Oder:
- »Man sollte sich im Straßenverkehr mehr Zeit lassen.«

Von jenen Menschen abgesehen, die berufsmäßig kommandieren müssen (nennen wir stellvertretend für viele das Militär oder den Vorgesetzten in der Industrie), legen sich die Menschen mit ihren Äußerungen um so fester, je ungebildeter sie sind, das heißt, je weniger sie von dem jeweiligen Fachgebiet verstehen.

Frau D, die nie eine medizinische Fakultät von innen gesehen hat, erblickte heute eine Bekannte auf der Straße, sprach mit ihr nicht, sagte aber zu ihrem Mann:

»Ich täusche mich ganz bestimmt nicht, und ich bin felsenfest überzeugt, Frau X, die ich heute gesehen habe, hat Krebs. Wie die ausschaut!«

Ein Universitätsprofessor für innere Medizin würde den gleichen Sachverhalt ganz anders ausdrücken:

»Bevor wir nicht Gelegenheit haben, alle diagnostischen Hilfsmittel heranzuziehen, können wir zu keiner Diagnose kommen. Das Aussehen von Frau X legt jedoch den Gedanken nahe, daß es sich bei ihr unter Umständen auch um eine bösartige Erkrankung handeln könnte. Jedoch ist auch noch an eine Reihe anderer Ursachen zu denken . . .«

Jeder Mensch möchte Klarheit in sein Denken bringen. Je weniger einer weiß, über um so weniger Haken verfügt er, woran er die Einzelstücke seiner Beobachtungen hängen kann. Weiß einer jedoch sehr viel, sieht er vor seinem geistigen Auge eine große Anzahl Haken und denkt sich unwillkürlich: ›Ich könnte diese Beobachtung an diesen Haken hängen. Sie würde aber auch zu jenen passen. Selbst an dem wäre sie nicht unangebracht . . .‹ Und diese Unsicherheit drückt er mit Worten aus, während der Ungebildete mit der Sicherheit eines halbblinden Maultiers einen Grat entlangwandelt und nicht sehen kann, in welcher Lebensgefahr es sich befindet.

Beliebte Formulierungen von Diplomaten und Wissenschaftlern:

- »Unter Umständen . . .«
- »Vieles spricht dafür . . .«
- »Einiges spricht dagegen . . .«
- »Wägt man die Pros und die Kontras ab . . .«
- »Beim jetzigen Stand unserer Kenntnisse wäre es verfrüht, sich festzulegen.«
- »Wenn ich mich nicht irre . . .«
- »Wenn ich einigen Anzeichen Vertrauen schenken kann, . . .«
- »Darüber gehen die Meinungen auseinander.«
- »Bevor wir zu einem abschließenden Urteil kommen können, sollten wir . . .«
- »Bitte nageln Sie mich später nicht fest, wenn ich jetzt einen Verdacht ausspreche.«
- »Ich kann dafür meine Hand nicht ins Feuer legen.«
- »Mein Kollege ist ganz anderer Meinung, und ich nehme ihm dies nicht krumm; wir alle wissen noch viel zu wenig darüber.«
- »Eigentlich ist es noch viel zu früh, ins Detail zu gehen.«

- »Ich bin auf diesem Gebiet kein Fachmann. Erwarten Sie also von mir keine kompetente Auskunft.«
- »Nach gesundem Menschenverstand könnte man dazu vielleicht folgende Vermutung äußern . . .«
- »Ich muß mir leider versagen, zu einem abschließenden Urteil zu kommen.«
- »Die gesicherten Ergebnisse reichen nicht aus, um zu . . .«
- »Bevor wir nicht mehr darüber wissen, sollten wir nicht . . .«
- »Ich betone: Es handelt sich vorläufig um eine Vermutung.«
- »Ich fühle mich nicht berechtigt, zu einer Schlußfolgerung zu kommen.«
- »Ich denke, . . .«
- »Ich meine, . . .«
- »Ich habe den Eindruck, aber bei weitem nicht die Gewißheit . . .«

Daß jemand die Sprache der Diplomatie anwendet, heißt noch lange nicht, daß er bei anderer Gelegenheit kein Machtwort sprechen könnte. Fähige Intellekte und fähige Charaktere beherrschen die Sprache des Kommandanten so gut wie jene des Diplomaten. Daß manchmal der Kommandant und der Diplomat in einer Person vereint sein müssen, deutet Lord Malmesbury an, ein so fähiger Diplomat, daß Talleyrand behauptete: Niemand könne ihn übertreffen, man vermöge nur, es ihm gleich zu tun. Malmesburys Ratschlag für einen Politiker:

- »Wenn, wie es häufig vorkommt, Ihnen plötzlich von einem verschlagenen Diplomaten eine indiskrete Frage gestellt wird, die eine klare Antwort erfordert, dann parieren Sie entweder, indem Sie diese als indiskret behandeln, oder Sie erledigen Sie durch einen ernsten und eindrucksvollen Blick. Sie widersprechen aber der Behauptung keineswegs rundweg, wenn sie wahr ist. Und Sie lassen sie aber auch nicht als wahr gelten, wenn sie falsch und von gefährlicher Tendenz (für Sie ist).«

Peinliche Themen

Alle Welt macht sich über gebildete Engländer lustig, die, wenn sie überhaupt eine eigene Meinung von sich geben, über das Wetter sprechen. Aber sie wissen schon, warum. Sage ich das, was alle sehen und spüren, kann ich niemandem wehtun.

»Ziemlich heiß heute, nicht wahr?« kann ich bei 35 Grad im Schatten zu jedermann sagen, ohne Gefahr zu laufen, für superklug, borniert oder schlecht informiert zu gelten.

Sage ich aber: »Ich bin für den HSV«, riskiere ich, jemand auf die Hühneraugen zu treten, der für Bayern München schwärmt. Schimpfe ich auf die Linken, nimmt mir meine politische Meinung selbst schon ein Halblinker übel. Kritisiere ich die Rechten, verderbe ich es mir gleich mit den Rechten und den Liberalen.

Themen, die im allgemeinen keine Gesprächsthemen sind:

- Politik
- Religionen und Konfessionen
- Beurteilung von Berufen
- Schwere oder gar unheilbare Krankheiten
- Landsmannschaften
- Familienverhältnisse
- Bildungsweg

Aus meiner Praxis weiß ich, wie viele Menschen zum Beispiel an unbegründeter Krebsangst leiden. Jedes Wort, das ich in Gesellschaft über Krebs sage, ist ein Dolchstich in ihr Herz. Ein anderer witzelt über den Dialekt der Sachsen. Unter den Anwesenden ist aber jemand, dessen Eltern aus Sachsen stammen.

Ich sage: »Der Maier ist ein richtiger Pfennigfuchser, hinter

jedem Pfennig her wie ein Buchhalter mit spitzem Griffel.«
Weiß ich, ob nicht ein Buchhalter oder der Sohn eines Buch-
halters unter den Gästen ist?

Vielleicht fragen Sie sich jetzt: »Worüber soll ich dann überhaupt noch sprechen?« Eine berechtigte Frage. Natürlich
kann ich nicht den ganzen Abend herumsitzen und überlegen,
was ich sagen darf und was nicht. Wo bliebe da die Spontanität
der Unterhaltung? Ich muß mir aber darüber klar sein, daß
ich mit den oben skizzierten Themen Menschen frustrieren
könnte. Und daß es eine Unmenge Themen gibt, die in dieser
Hinsicht nicht unriskant sind.

Auch mit Fragen kann ich Unannehmlichkeiten verursachen.
Frage ich zum Beispiel jemanden, ob er verheiratet ist, dann
muß ich folgendes bedenken:

- Er kann gut verheiratet sein.
- Er trägt sich mit dem Gedanken einer Scheidung.
- Er ist geschieden, einmal, zweimal, dreimal.
- Er ist nicht verheiratet, weil er homosexuell ist, was aber
  niemand wissen soll.
- Er ist nicht verheiratet, fürchtet aber deswegen als Homo-
  sexueller betrachtet zu werden, was er nicht ist.
- Er ist nicht verheiratet, fürchtet aber, als Sonderling, als
  schwieriger Mensch, als Egoist, der einer Frau nichts gönnt,
  angesehen zu werden.

Frage ich jemanden nach seinem Beruf, ist es eleganter, nicht
auf weiteren Details zu bestehen, als der Befragte selbst an-
gibt. Da sagt zum Beispiel jemand: »Ich bin im Handel tätig.«
Im Handel tätig ist der Eigentümer der größten Privatbank,
im Handel tätig ist aber auch der Hausierer, der von Tür zu
Tür Möbelpolitur verkauft. Will jemand Klarheit schaffen,
welch wichtigen Job er hat, wird er dies schon zu verstehen
geben. Zwinge ich ihn aber zur Präzision, kann ich ihm weh
tun. Oder würden Sie gern erzählen, daß Sie von Montag morgens bis Freitag abends mit einem Bauchladen Schnürsenkel
verkaufen?

Peinlich können auch Fragen nach den Kindern werden. Ehrlich gesprochen, müßte da mancher gestehen: »Ich habe ein

uneheliches Kind aus meiner Studentenzeit, zwei Kinder aus meiner Ehe, von denen eines meine Frau in die Ehe mitgebracht hat, und nun habe ich auch noch ein Kind von meiner Lebensgefährtin, von der ich mich aber demnächst trennen werde.«

Vielleicht denken Sie jetzt: Wer zwingt ihn denn, die reine Wahrheit zu sagen? Richtig! Für sehr viele Menschen zählt es aber bereits zu den Peinlichkeiten, lügen oder etwas verheimlichen zu müssen.

Fragen Sie auch nicht zu intensiv nach der Schulbildung. Gehen Sie ruhig davon aus, daß wer nicht oder sehr viel von seiner Schulbildung spricht, in diesem Punkt etwas zu verbergen hat. Überhören Sie aber auch Formulierungen wie:

- »Als Student . . .«
- »In meiner Verbindung . . .«
- »Als ich damals in Oxford/an der Sorbonne/an der Harvard University usw. war . . .«
- »Ich muß damals im 3. oder 4. Semester gewesen sein . . .«
- »Da sagte mein Doktorvater zu mir . . .«
- »Einer meiner Lehrer, der Französisch gab . . .«
- »Es muß im Wahlfach Russisch gewesen sein . . .«
- »Ich lief damals für den akademischen Sportklub Hinkebein . . .«

Hier tobt einer sein Prestigebedürfnis aus.

Peinlich sind alle Fragen, die eine unwiderrufliche Antwort erheischen. Da liegt Frau Meier mit Herrn Huber im Bett. Sie haben sich – unter uns gesagt – erst vor einigen Stunden kennengelernt und sind, einer Laune ihrer Körper folgend, im Bett gelandet. Und während nun Herr Huber auf nichts anderes sinnt, als Frau Meier den Aufenthalt so schön wie möglich zu gestalten, nervt sie ihn mit der konstanten Frage: »Liebst du mich auch *wirklich*?« Genausogut könnte Herr Huber Frau Meier mit der Frage in den Wahnsinn Treiben: »Gehst du mit allen Männern, die du kennenlernst, so schnell ins Bett? Oder ist es meine einmalige Art, die dich völlig aus der Bahn geworfen hat?«

Sie lernen einen Menschen kennen, mit dem Sie intim werden.

Dann überlassen Sie es als Mann der Frau, den Ton für die Intimsprache zu finden. Auf keinen Fall ist selbst bei der rauschendsten Orgie der Ton von Zuhältern angebracht – es sei denn, eine Partnerin liebt sehr deftige Ausdrücke, wie dies wirklich in einigen wenigen Fällen vorkommt.

Kritik

Ich habe kein Recht, etwas zu kritisieren, was mich nichts angeht. Kritik soll sich grundsätzlich auf konkrete Vorfälle beziehen und nicht auf Allgemeines. Ein Beispiel:

- »Der Stil Ihrer Briefe gefällt mir nicht. Sie sind nicht verkaufsfördernd.«
Präzisieren Sie:
»Schauen wir uns diesen Brief an. Sie schreiben hier: › . . . . .‹ Was halten Sie von meiner Formulierung? Welche, die Ihre oder die meine, stellt die Vorteile unseres Produkts stärker heraus? Sie machen kaum Absätze. Machen Sie zwei, drei Absätze, sieht der Brief wohlgegliedert aus. Übersichtlicher.«
Hier hat der Kritisierte das Gefühl, daß ich ihn unterstütze und nicht kritisieren will.

- »Mit dir kann man überhaupt nicht reden. Du bist geistig nie richtig da.«
Eher so:
»Ich habe dir soeben etwas für uns Wichtiges gesagt. Du hast nicht zugehört. Neulich bat ich dich, zur Bank zu gehen. Da hast du auch nicht zugehört. Jetzt müssen wir dafür mehr bezahlen.«

- »Ihre Organisation ist eine einzige Katastrophe. Da kann man anrufen oder schreiben, nichts passiert.«
Vielleicht so:
»Ich habe dreimal Herrn X am Telefon gesprochen und ihm einen Brief geschrieben. Nichts ist darauf geschehen. Verstehen Sie, daß ich Ihre Firma nicht weiter empfehlen kann?«

- »Du hältst dich nie gerade. Du bekommst einen Buckel.«
  »Schau, wie du jetzt dastehst. Wenn du das öfters so machst, bekommst du einen Rundrücken. Dabei könntest du eine phantastische Figur bekommen.«
- »Du bist und bleibst ein Faulpelz.«
  »Du hast versprochen, den Rasen noch heute zu mähen. Jetzt ist es zu spät dafür. Ich ziehe dir von deinem Taschengeld zehn Mark ab, wie wir das ausgemacht haben.«

Erweist sich immer wieder dieselbe Kritik als notwendig, liegt es nahe, die Gründe hierfür zu analysieren.

Ein Beispiel: Die Ehefrau kritisiert, daß ihr Mann unleidlich und aggressiv beim Einkaufsbummel wird. Früher, da sei er ganz anders gewesen . . .

Psychologische Berater lassen bei Krisengesprächen den Kritisierten die an ihm verübte Kritik wiederholen. In unserem Fall würde also der Ehemann sagen: »Du findest mich also unleidlich und aggressiv, wenn wir einen Stadtbummel machen.«

»Einen Einkaufsbummel.«

Die Aufforderung zur Wiederholung der Kritik hat hier bereits einen, wenngleich kleinen, Irrtum beseitigt.

Er: »Es stimmt, früher habe ich dich gern beim Einkaufen begleitet. Jetzt tue ich's nicht mehr gern.«

Sie: »Weil du mich nicht mehr so liebst.«

Er: »Damals konnten wir uns vorwiegend nur am Samstag sehen. Wenn ich da mit dir zusammensein wollte, mußte ich notgedrungen zum Einkaufen mitgehen. Heute sind wir jeden Tag beisammen. Da sehe ich nicht ein, warum ich da am Samstag mit dir durch die Stadt ziehen soll. Da arbeite ich lieber im Garten.«

Sie: »Du weißt aber, wie gern ich das habe, wenn du mich begleitest.«

Er: »Du weißt aber auch, wie ungern ich das habe, wenn ich dich begleiten muß.«

Sie: »Wenn ich mir etwas zum Anziehen kaufe, möchte ich, daß du dabei bist. Schließlich möchte ich für dich schön sein.«

Er: »Aber du bestehst auch darauf, daß ich mitkomme, wenn

du dir nichts zum Anziehen kaufst. Und, seien wir ehrlich, wenn dir etwas gefällt, dann kaufst du es, ganz gleich, was ich davon halte.«

Sie: »Zum Beispiel?«

Er: »Ich fürchte, wir geraten jetzt in eine Sackgasse. Fassen wir zusammen: Du möchtest, daß ich dich beim Einkaufsbummel begleite, vor allem dann, wenn du dir etwas zum Anziehen kaufst. Ich aber möchte nicht gern mitgehen. Was hältst du von folgendem Kompromiß? Du suchst dir unter der Woche das aus, was du dir kaufen möchtest, und läßt es dir zurücklegen. Zum Beispiel ein Kostüm, einen Wintermantel, ein besonderes Kleid. Ich komme dann am Samstag morgen mit und sage dir, ob es mir gefällt oder nicht. Einverstanden?«

Sie: »Einverstanden.«

Er: »Ich habe es nicht gern, daß du unter der Woche zwei-, dreimal abends fortgehst und die Kinder allein läßt. Ich bin von Montag bis Freitag nicht da.«

Sie: »Ich gehe einmal zum Kirchenchor und einmal in die Jazzgymnastik. Das ist alles.«

Er: »Ich möchte aber, daß du die Kinder abends nicht allein läßt.«

Sie: »Bist du etwa eifersüchtig?«

Er: »Wenn du mich betrügen willst, brauchst du damit nicht erst bis zum Abend zu warten . . .«

Die beiden haben soeben das Thema gewechselt und können nun stundenlang über Liebe, Treue und Eifersucht diskutieren. Warum ist es dazu gekommen? »Sie« sprach eine Vermutung aus, indem sie glaubte, Gedanken lesen zu können. »Er« fiel darauf herein und ließ dies durchgehen.

Nochmals zurück!

Sie: »Bist du etwa eifersüchtig?«

Er: »Darum geht es hier nicht. Es geht darum, daß die Kinder zwei Abende in der Woche allein sind. Du kommst abends um 18 Uhr von der Firma heim und bist an zwei Abenden in der Woche schon wieder um 19 Uhr 30 unterwegs. Dafür sind die Kinder noch zu klein.«

Nun sind die beiden wenigstens beim Thema geblieben. Die Diskussion könnte aber viel fruchtbarer verlaufen, hätte »Er« an seine Kritik sofort oder bald einen Kompromißvorschlag angefügt. Zum Beispiel:

Er: »Ich bin die ganze Woche unterwegs und habe für die Kinder erst am Samstag, Sonntag Zeit. Und da auch nicht allzu viel. Du kommst abends um 18 Uhr von der Firma heim, hast die ganze Hausarbeit und möchtest dann natürlich auch etwas Ablenkung. Drum der Kirchenchor und die Jazzgymnastik. Andererseits brauchen uns die Kinder notwendiger als sonst etwas. Ich habe mir folgendes gedacht: Ich organisiere meine Tour so, daß ich schon am Freitag nachmittag nach Hause komme. Dann übernehme ich die Kinder, wenn du freitags zum Chor gehst. Kannst du nicht versuchen, daß deine Schwester/Freundin ein paar Mal zu den Kindern kommt, wenn du zur Jazzgymnastik gehst?«

Geben Sie dieser Verpackung der Kritik nicht eine bessere Chance zu einer für beide Teile akzeptablen Lösung?

Noch einige Tips für eine fruchtbare Kritik:

- Ironie, Sarkasmus, rhetorische Überlegenheit verschlechtern die Erfolgsaussichten kraß.
- Dosieren Sie Ihre Kritik. Lassen Sie also nicht zuviel Stoff zusammenkommen. Damit könnte sich Ihr Partner zu sehr in die Ecke getrieben fühlen und aus Angst aggressiv werden.
- »Revanchieren« Sie sich nicht, indem Sie Vergangenes ins Spiel bringen. Es wird schwer genug sein, Ihr Gegenwartsproblem zu lösen.
- Unter keinen Umständen dürfen Sie als Sieger aus der Diskussion hervorgehen wollen. »Eine gewonnene Diskussion ist eine verlorene Diskussion«, meinte Shakespeare. Sie sollten beide durch die Diskussion gewinnen, sonst besteht Gefahr, daß Sie beide zu Verlierern werden – zu Verlierern an Sympathie, Zuwendung, vielleicht sogar an Liebe.

Formulierungen
zur Selbstverteidigung

Gedacht sei hier nicht an die Aggressionen von Neurotikern. Wie Sie solche Attacken überstehen, erfahren Sie in dem Kapitel »Gespräche mit psychisch Labilen«. Hier dagegen wollen wir untersuchen, wie Sie sich Ihrer Haut erwehren, wenn Ihnen, nach Ihrer Meinung, Unrecht geschieht oder die gebotene Aufmerksamkeit versagt wird.

Wir werden so genommen, wie wir uns geben. Trete ich schüchtern auf, wird man mich im allgemeinen weniger beachten, als wenn ich bestimmt und entschlossen auftrete.

Setze ich mich in einem Restaurant oder Café nicht an den nächstbesten Platz, sondern lasse ich mir vom Ober oder der Kellnerin einen Platz auswählen, dann haben diese Personen bereits zur Kenntnis genommen, daß ich gekommen bin. Ich kann dann auch sofort um die Speise- oder Weinkarte bitten beziehungsweise gleich eine Bestellung aufgeben.

Analysieren wir kurz das Wesen des Streits. Jemand fühlt sich aus irgendeinem Grund gereizt und möchte dieses Unbehagen dadurch beseitigen, daß er seine Energie gegen den anderen richtet. Meist verbal. Läßt der andere dies über sich ergehen oder kommt dem Angreifer entgegen, indem er ihm recht gibt oder sich entschuldigt, also sich ihm unterwirft, hat dieser sein Ziel erreicht. Er fühlt sich erleichtert. Die Chancen stehen gut, daß er seine Attacken einstellt.

Erhebt der Angegriffene aber Einwendungen, schlägt er, bildlich gesprochen, zurück. Das reizt den Angreifer meist noch mehr, und er verschärft seine Aggressionen. Deswegen kann sich Streit über Stunden ausdehnen und schließlich zu Tätlichkeiten führen, wenn das Arsenal der Worte erschöpft ist.

Es soll eine Untersuchung geben, derzufolge keiner der Probanden länger als 7 Minuten schreien und toben konnte. Dann stellte sich zwar noch nicht die Ruhe nach dem Sturm ein, aber das Hauptgewitter zog ab. Wurde jedoch dem Wüterich widersprochen, fingen die 7 Minuten Abreaktionszeit von vorne an. Dieser Prozeß konnte sich stundenlang wiederholen, eine Beobachtung, die wir alle schon einmal gemacht haben.

Wollen Sie Streit um fast jeden Preis vermeiden, müssen Sie dem Angreifer Gelegenheit geben, seine gegen Sie gerichteten Energien auszutoben. Sie dürfen ihm also nicht widersprechen. Jeder Widerspruch lädt sein Energiereservoir erneut auf. Und auf dem Gebiet der Reibereien ist das Energiepotential auch der ansonst schwächlichsten und gebrechlichsten Menschen unerschöpflich.

- »An Ihrer Stelle würde ich genauso handeln/denken/sprechen.«
- »Sie haben mein volles Verständnis dafür, daß Sie so urteilen, so urteilen müssen.«
- »Ich war einmal in einer ähnlichen Situation wie Sie und habe genauso gedacht wie Sie.«
- »Bitte, sagen Sie alles, was Sie verstimmt hat. Ich glaube, es bedarf eines reinigenden Gewitters. Ich jedenfalls habe diesen Eindruck.«

Soviel Einsicht erweicht selbst ein verstocktes Herz. Soviel Einsicht durchlöchert auch ein mächtiges Energiereservoir. Hat der Aggressor seinen Dampf abgeblasen – Sie haben ihm während dieser Zeit nicht widersprochen –, können Sie vorsichtig Ihren Standpunkt darlegen.

- »Sie mußten zu diesem Schluß kommen, weil Ihnen folgendes nicht bekannt sein kann.«
- »Auch ich wäre wütend, wenn auf einer Straßenkreuzung der Motor absterben würde. Sie sagen, es war in der Nähe Ihrer Wohnung. Also war der Motor noch kalt. Hatten Sie den Choke gezogen?«

Jemand verrät durch Ton, Inhalt seiner Worte oder durch seine Körpersprache, daß er Sie angreifen will.

Wollen Sie den Streit? Nichts leichter als das.

Wollen Sie Ihren Standpunkt ohne Streit verteidigen? Dann müssen Sie Ihrem Partner Gelegenheit geben, seine aufgestaute Energie abzubauen. Erst dann können Sie ihm mit Argumenten kommen. Übrigens, dieses Vorgehen gilt auch Kindern und Jugendlichen gegenüber. Überlegen wir es uns deswegen gut, ob wir unsere Autorität einsetzen und ihnen »den Mund verbieten« sollen.

Einen Menschen, der Streit sucht, allein zu lassen, kann dessen Aggressionen erhöhen, kann ihm aber auch Gelegenheit geben, in einer Übersprunghandlung seine Wut an jemand anderem oder an einem Gegenstand auszutoben.

Schließlich können Sie wie bei einem Regenschauer den Kopf einziehen und das Ganze protestlos über sich ergehen lassen, eingedenk der Weisheit, daß der Klügere nachgibt.

Klugheit verlangt aber auch, allen schlechten Anfängen zu widerstehen. Sehr viele Menschen müssen oft ein Leben lang Aggressionen ertragen, weil sie nicht sofort gegen die erste protestiert haben. Einige Beispiele für solche Machtproben:

- Sagt Huber zu Müller: »Kommen Sie rein, Müller!« Huber läßt also das »Herr« weg. Antwortet Müller darauf: »Nett von Ihnen, Huber.«

  Nun weiß Huber, daß Müller mit »Herr« angesprochen zu werden wünscht. Wünscht dies Müller, muß er bei Hubers erstem Versuch einer gewissen Mißachtung sofort reagieren. Nicht erst beim xten Mal. »Eigentlich hätte ich es lieber, wenn Sie zu mir ›Herr Müller‹ sagten«, klingt albern, wenn man sich eine Zeitlang nur mit »Müller« ansprechen ließ.

- Der ehemalige Wirtschaftsminister Professor Karl Schiller fragte einen, der ihn mit »Herr Schiller« angesprochen hatte, »Warum nennen Sie mich eigentlich nicht gleich Karle?«

- »Ist es in dieser Firma üblich, daß Sekretärinnen nur mit dem Vornamen angesprochen werden?«

- »Sie sprechen mich gerade mit ›Carola‹ an. Soll ich zu Ihnen nun ›Heinrich‹ sagen?«

- »Ist es nicht besser, wenn ich für Sie ›Frau Braun‹ bin und

Sie für mich ›Herr Schwarz‹ bleiben und nicht ›Peter‹ oder ›Peterle‹?«

- »Bring mir aus der Stadt ein Pfund Kaffee mit!«
  »Ich besorge dir gern etwas in der Stadt, wenn du mich darum bittest. Befehle nehme ich nicht entgegen.«
- »Geben Sie mir die Salatschüssel.«
  »Baten Sie mich um die Salatschüssel?«

Betrachtet der Gesprächspartner Ihre Frage als eine Herausforderung, als einen Machtkampf, müssen Sie sofort eine Strategie entwickeln, wie Sie ihm begegnen werden. Verwendet er künftighin das Wörtchen »bitte«, ist alles klar. Bleibt er bei seinem Ton, können Sie den Befehl überhören. Er wird dann den Befehl wiederholen. Nun werden Sie deutlicher: »Ich erfülle sehr gerne Bitten, aber keine Befehle.«

Eine Schwiegermutter besuchte zum ersten Mal das jungverheiratete Paar, das wußte, wie gern sich die etwas herrische alte Dame einmischte. Als sie ihrer Schwiegertochter zeigen wollte, wie »man« dies und jenes macht, antwortete diese ruhig:

»Vorläufig weiß ich noch, wie ich das machen muß. Wenn ich nicht mehr weiter kann, werde ich dich fragen und für deinen Rat dankbar sein.«

»Man wird doch einer jungen Frau noch etwas zeigen dürfen!«
»Wie gesagt: wenn ich dich darum bitte.«

- Ein junger, mittelloser Mann beabsichtigte, in eine vermögende Familie einzuheiraten. Es war vorauszusehen, daß irgendwann einmal ein Hinweis erfolgen würde, wie gut es ihm aufgrund des schwiegerelterlichen Finanzpolsters ergehe. In gelöster Stimmung sagte er zu seinen zukünftigen Schwiegereltern: »Es gibt zwei Gründe, warum ich auf der Stelle eure Tochter verlassen würde: Erstens, wenn ich erführe, daß sie mich nicht mehr haben will, und zweitens, wenn ich von jemand aus eurer Familie eine Anspielung bemerken müßte, daß ich ein armer Teufel bin, meine Frau aber reich ist.«
- »Nehmen Sie es mir nicht übel, wenn ich *so* nicht mit mir sprechen lasse. Ich schätze Sie zu sehr.«

- »Ich habe mir geschworen, nie zu streiten, lieber aufzustehen und zu gehen. Würde ich Ihnen jetzt antworten, käme es zum Streit. Also entweder lassen wir diese Diskussion oder ich muß gehen.«
- »Aus verschiedenen Gründen, die ich hier nicht aufführen will/darf/kann, muß ich es mir versagen, Ihnen darauf zu antworten. Nehmen Sie es mir bitte nicht übel. An meiner Stelle würden Sie wahrscheinlich genauso handeln.«
- »Um mich verteidigen zu können, müßte ich indiskret/aggressiv/ironisch werden. Ich will das nicht. Das führt zu nichts, außer vielleicht zu Ärger. Also verteidige ich mich nicht.«
- »Wir brauchen also einen Schuldigen. Gut, ich übernehme die Schuld. Und jetzt sprechen wir von etwas anderem.«
- »Bei einem so wichtigen Thema haben Sie das uneingeschränkte Recht, von mir alles darüber zu erfahren. Aber dazu bin ich jetzt leider nicht in der Lage: Ich bin nicht vorbereitet/ich bin zu müde/ich habe Kopfschmerzen und muß mich hinlegen/ich werde Ihnen schriftlich antworten, weil ich die Sache für so wichtig halte.«
- »Was Sie mir bis jetzt vorgeworfen haben, reicht für den Augenblick. Ich glaube, ich müßte jetzt fairerweise darauf antworten dürfen.«

Einige der letzten Formulierungen können vom Partner als ein Schuß vor den Bug, aber auch als Eröffnung der Kampfhandlungen betrachtet werden. Vorsicht!

Besonders schwierig ist der Umgang mit menschlichen »Giftschlangen«. Ich kenne einige, Sie wahrscheinlich auch. Diese Menschen haben psychische Schwierigkeiten, so wie es Menschen mit körperlichen Anomalien gibt. Solche Leute – zumeist Neurotiker – sammeln im Lauf einer bestimmten Zeit Gift in sich an, das sie abspritzen müssen, wollen sie nicht daran erkranken.

Ich kenne ein Ehepaar, vermögend, kinderlos. Die beiden streiten, vor allem in Gesellschaft, so energisch miteinander, daß, im wahrsten Sinne des Wortes, die Fetzen fliegen. Vernünftigerweise sollten sie sich noch heute trennen, er in die-

sem, sie in einem anderen ihrer Häuser wohnen. Aber sie bleiben seit gut 20 Jahren zusammen. Sie brauchen den Streit, wie
ein anderer Zärtlichkeit oder gelegentlich einen »Tritt in den
Hintern« benötigt.

Synchronisation der Gefühle

Ein mitreißender Kanzelredner erzählte, er habe auf dem Priesterseminar als einer der schlechtesten Redner gegolten. »Haben Sie seither so viel dazu gelernt?« wollte jemand wissen. »Nein, ich konnte damals schon predigen, aber nicht vor nur einer einzigen Person. Da saß eine Mumie von Professor, und dem mußte ich meine Predigt halten. Ich brauche die Augen der Masse, ihren Atem, ihr Zusammenducken, ihren inneren Widerstand, ihre Zustimmung.«

Solange in einer Rede, solange bei einem Gespräch nur Fakten vermittelt oder ausgetauscht werden, kommt keine Stimmung auf. Soll eine Rede, soll ein Gespräch zum Erlebnis werden, müssen sich Gefühle melden. Im Faust singen »alle«: »Uns ist ganz kannibalisch wohl, als wie fünfhundert Säuen.« Natürlich sei hier nicht nur an Auerbachs Keller oder an ein Zelt auf dem Oktoberfest gedacht.

Der erfolgreiche Redner, der erfolgreiche Verkäufer, der erfolgreiche Verführer, der erfolgreiche Erzieher, Vorgesetzte oder Untergebene – sie alle besitzen ein Gespür für die Seelenlage ihrer Umwelt. Wie ein Seismograph, wie ein Barometer registrieren sie Schwankungen und verstärken sie in Richtung Behagen.

Einen Ausdruck perfekter Synchronisation der Gefühle schildert der große französische Erzähler Guy de Maupassant in seiner Kurzgeschichte »Im Mondenschein«. Ich erzähle sie Ihnen kurz:

Madame Lebrun besucht ihre Schwester Madame Plissier. Seit frühester Jugend sind beide Schwestern ein Herz und eine Seele. So fällt es Madame Plissier sofort auf, daß ihre Schwester, die erst vor einigen Tagen aus dem Urlaub zurückgekehrt ist, von irgend etwas Geheimnisvollem bewegt wird.

Schließlich schüttet Madame Lebrun der Schwester ihr Herz aus. Sie war mit ihrer kleinen Tochter in Urlaub gefahren. Ihr Mann, ein rücksichtsvoller Ehegatte, war in Paris zurückgeblieben, hatte sie aber einige Male am Wochenende in dem Urlaubsort am Gebirgssee besucht. Madame Lebrun hatte wirklich nicht den geringsten Grund, mit dem Leben unzufrieden zu sein oder ihren Mann zu betrügen. Sie wäre aber keine Frau gewesen, würde ihr nicht aufgefallen sein, daß ein junger Mann sich für sie lebhaft interessierte. Nichts, aber rein gar nichts bedeutete ihr dieser stille Verehrer.

Eines Abends saß sie wie so oft auf einer Bank am Gebirgssee. Der Mond spiegelte sich im Wasser, und sie träumte vor sich hin. Da hörte sie jemand kommen. Es war ihr Verehrer. Er fragte sie, ob er neben ihr Platz nehmen dürfe. Und dann sprach er von sich, erzählte von seinem Leben und schlug dabei einen Ton an, den sie so gut kannte, als würde sie von ihrem eigenen Leben erzählen. Der junge Mann wurde bestimmter, drängender, und plötzlich vergaß sie alles.

Nun saß sie zerknirscht vor ihrer Schwester. Und was sagte die Ältere, die Erfahrenere der beiden? »Mache dir keine Vorwürfe. Es war nichts. Nicht du hast deinen Mann betrogen. Es war nur der Mond.«

Nicht derjenige erspürt die Stille, der singt, pfeift, die Trommel schlägt oder in die Trompete bläst. Es erahnt sie, wer in die Stille lauscht. Wer schweigt. Wer vorsichtig Fragen stellt.

In diesem Fall gilt: Wer nicht den Ton angeben will, gibt ihn an.

Sie spüren: Da will jemand reden. Lassen Sie ihn reden. Fordern Sie ihn durch Fragen dazu auf.

Da will jemand schweigen. Schweigen Sie mit ihm.

Da will jemand nichts anderes, als nur in den Mond starren. Erzählen Sie dann nicht, wieviel Kümmel Sie an den Schweinebraten nach Art Ihrer Mutter zu tun gewöhnt sind.

Da will sich jemand ausweinen. Sprechen wir dann nicht davon, wie oft Ihnen bereits so zu Mute war und wie sich solche herzzerreißenden Gefühle dann doch in Nichts aufgelöst haben. Damit ist dem Unglücklichen nicht gedient.

Glauben Sie im Zweifelsfall mehr der Körpersprache eines Menschen als seinen Worten. Unser Körper ist meist ehrlicher als unser Gehirn und im Lügen schlechter.

Es braucht aber nicht grundsätzliche Interessenlosigkeit vorzuliegen, wenn wir oft nicht oder nicht gern gehört werden. Es herrscht dann nicht die rechte Stimmung vor für das, was wir zu sagen haben.

Wechselt jemand am Tisch das Thema oder wendet sich der Angesprochene jemand anderem zu, dann sollte dies ein Signal dafür sein, daß gegenwärtig unsere Intellekte und unsere Gefühle nicht synchron laufen. Dann ist es besser zu schweigen, als den Unaufmerksamen an einem Hemdknopf zu fassen und an ihm unser Mitteilungsbedürfnis abzureagieren.

Übrigens, wissen wir, wie oft uns jemand etwas sagen will und wir es gar nicht merken?

Gefühlsmörder

Die meisten Gefühle mordenden Formulierungen gehen auf das Konto *Egozentrik*.

Sagt A: »Ich habe mir ein Haus gebaut«, antwortet B: »Ich wohne lieber in einem Appartement.« Er hätte natürlich auch erwidern können: »Was! Erst ein Haus. Ich habe schon drei gebaut«, seine Antwort wäre ähnlich charmant ausgefallen.

Da spart A seit Jahren, geht nicht in Urlaub und nimmt so viele Hypotheken auf, daß er gut und gern 20 Jahre daran abzahlt. Und was machen wir? Wir zerstören ihm jegliche Freude an seinem Haus, wenigstens für Sekunden.

Wieviel Freude würden wir ihm bereiten mit so simplen Fragen wie:

- »Wo ist das Haus?«
- »Schön geworden?«
- »In welchem Stil?«
- »Selbst mitgearbeitet?«
- »Ist etwas Land dabei?«

Da sagt A: »Ich lerne Spanisch.« – »So«, fährt B fort, »und ich lerne Russisch.«

Der A soll sich ja nicht einbilden, daß nur er Sprachen lernt. Ich tue es auch. Auch ich bin gebildet. – Weniger egozentrisch:

- »Spanisch? – eine Weltsprache, sehr schön.«
- »Brauchen Sie Spanisch für Reisen oder geschäftlich?«
- »Eine schwere Sprache?«
- »Lernen Sie mit oder ohne Lehrer?«

A sagt: »Ich verbrachte meinen diesjährigen Urlaub in der Karibik.« Antwortet B: »Da war ich schon vor zehn Jahren.«

Der arme A sparte Geld für die Reise in die Karibik, quälte

sich in ein Flugzeug, hatte womöglich Angst vorm Fliegen und war am Ende von Karibik, Meer, Strand, Essen und sonst etwas enttäuscht. Dem B würde nie und nimmer einfallen, dem A auch nur eine einzige Mark zu stehlen. Mit der Antwort: »Da war ich schon vor zehn Jahren«, stiehlt er ihm aber ein kleines Vermögen. Was muß der B für ein Neidhammel sein, daß er ihm nicht die Freude gönnt, in der Karibik Urlaub gemacht zu haben? Kann es nicht einen Heidenspaß bereiten, den A glauben zu lassen, er habe etwas erlebt, was ich noch nicht erlebt habe?

Natürlich kann man jetzt den A nicht dadurch ins Messer laufen lassen, daß man ihn mit Fragen zu längeren Ausführungen über die Karibik reizt und ihm dann am Ende sagt: »Ja, da war ich auch schon einige Male.«

Sollte er empfehlen, daß auch ich einmal in die Karibik reise, ich indessen die Karibik wie meine Hosentasche kenne, wer hindert mich dann an der Bemerkung: »Die Karibik stand schon immer auf meinem Reiseprogramm.«

Ein zweiter Gefühlskiller ist das *Bagatellisieren*.

Sagt A: »Ich muß mir morgen die Mandeln herausnehmen lassen.«

Antwortet B: »Ach, das habe ich mir schon vor zwanzig Jahren machen lassen.«

Der hat gut reden, denkt sich der A. Der ist ja wieder aufgewacht. Der hat's hinter sich. Aber ich armes Schwein . . . –

Ihr Trost:

- »So eine Operation ist stets etwas Unangenehmes. Wo lassen Sie sich operieren? Aha! Na, dort gibt es gute Ärzte. Ich habe mir auch die Mandeln herausnehmen lassen und war hinterher erstaunt, daß es nicht weiter schlimm war.«
  Sagt A: »Ich muß 20 000 Mark Steuer nachzahlen.« Darauf B: » Und ich 40 000.«

- »20 000 Mark, das tut weh. Vor allem, wenn man nicht damit rechnen konnte. Geht wenigstens das Geschäft gut?«
  Sagt A: »Ich muß zur Zeit Tag und Nacht arbeiten. Drei meiner Angestellten sind im Urlaub.«

Meint B: »In meiner Abteilung sind 7 Mann krank, 6 in Urlaub, und 10 arbeiten nur halb.«

A muß trotzdem Tag und Nacht arbeiten. Verdient er da nicht ein bißchen Mitgefühl? Besser also:

- »Das tut mir aber leid, daß Sie so fest ran müssen. Und jetzt, da es in den Läden so heiß ist. Da sind 10 Stunden eine Ewigkeit. Wie lange arbeiten Sie täglich?«

Auch *Aggressionen* sind Gift für die Gefühle des Angegriffenen.

A meint: »Ich habe große Schwierigkeiten mit meiner Frau.«

B weiß sofort den Grund: »Kein Wunder! Du bist ja viel zu gut zu ihr.«

Statt daß A sich an Bs Brust ausweinen darf, weswegen er das Thema überhaupt angeschnitten hat, putzt ihn B sofort herunter und treibt ihn in die Defensive. Hat unser armer A nicht schon genügend Schwierigkeiten mit seiner Frau? Braucht er auch noch die mit seinem sogenannten besten Freund?

Warum sagt der beste Freund nicht:

- »Welcher Art sind eure Schwierigkeiten?«
- »Seit wann?«
- »Wodurch wurden sie ausgelöst?«
- »War das schon öfter so?«
- »Hat sich sonst noch etwas in euren Beziehungen geändert?«
- »Kann ich für euch etwas tun?«

»Mein Sohn ist in der Schule durchgefallen.«

»Kein Wunder, du läßt ihm ja alles durchgehen.« – Warum nicht so?

- »Wie alt ist jetzt dein Sohn? Aha, fünfzehn. Wie warst du mit fünfzehn?«

Besserwisserei ist des Teufels und wirkt auf Gefühle wie Salz auf eine Wunde.

Stöhnt A: »Unsere Abteilung schafft den Arbeitsanfall nicht mehr.«

Rät B sofort: »An Ihrer Stelle würde ich einige Überstunden einlegen.«

An Überstunden hat natürlich auch schon A gedacht, schließlich ist er ja nicht blöd. Er will mit seinem Appell aber etwas ganz anderes erreichen, nämlich sich einige Minuten lang gehen lassen, weil ihm alles zum Hals raushängt. Und da kommt der Klugscheißer B und bietet sofort eine Allerweltslösung an. So, als würde eine Frau weinen, weil ihr Mann sie verlassen hat, und ich rate ihr, die Sache nicht so tragisch zu nehmen, sondern sich lieber recht bald einen anderen zu suchen.

Stelle ich aber Fragen, kann sich mein Gesprächspartner seine Probleme von der Seele reden. Etwa folgendermaßen:

- »Seit wann ist der Engpaß?«
- »Wie ist er entstanden?«
- »Wie denken Sie, ihn zu überwinden?«
- »Gibt es überhaupt eine Chance dafür?«

Auch *Interpretieren* ist eine Art von Besserwisserei.

Klagt A: »Ich bin in letzter Zeit so müde.«

Sofort kennt B die Diagnose: »Das kommt bestimmt daher, weil du soviel arbeitest.«

Schmeichelhaft für A. Ganz bestimmt, aber er möchte sich eigentlich mit seinem Freund unterhalten, was für ein armer, geplagter Mensch er ist. Und was fällt B zu diesem Thema ein? Eine Antwort, die A schon auswendig kennt, und dies seit geraumer Zeit. B sollte besser etwa so reagieren:

- »Müde? Tagsüber? Oder abends?«
- »Wie schläfst du denn?«
- »Wachst du wenigstens morgens erholt auf?«
- »Meinst du nicht, du solltest die Sache ernster nehmen?«
- »Willst du nicht einen Arzt aufsuchen?«

Zensuren lieben wir im allgemeinen als Erwachsene so wenig wie als Kinder – es sei denn, wir schneiden dabei hervorragend ab.

Verrät A: »Ich sehe jetzt ein, daß bei meiner Gesprächstechnik manches verbessert werden müßte.«

Findet B: »Das hat aber lange gedauert, bis Sie dies eingesehen haben.« Warum nicht so auf As Zugeständnis eingehen?

- »Mir ist das bisher nicht aufgefallen.«
- »Wo meinen Sie, haben Sie in der Gesprächsführung Schwierigkeiten?«
- »Wortwahl? Aufbau des Gesprächs?«
- »Erzählen Sie mal, was man da alles berücksichtigen soll. Mich interessieren derartige Fragen nämlich auch.«

Philosophie schätzen wir sehr, nur nicht als Antwort auf unsere Probleme.

Klagt A: »Unsere Firma wird immer bürokratischer.«
Tröstet B: »Da sagt doch schon Konfuzius . . .« Besser:
- »Wie meinst du das mit dem ›bürokratischer werden‹?«
- »Mußtest du dich in den letzten Tagen besonders darüber ärgern?«
- »Gib mir mal ein Beispiel über die Bürokratie in eurem Laden.«

Jeder Mensch läßt sich gern *ablenken* – aber nicht, wenn er sich über etwas aussprechen will.

Mit feuchten Augen sagt Frau A: »Die Interesselosigkeit meines Mannes macht mich noch verrückt!« Worauf ihre Freundin B vorschlägt: »Vergiß es! Trinken wir eine Tasse Kaffee.« Sie sollte lieber so reagieren:
- »Wie drückt sich seine Interesselosigkeit aus?«
- »Weiß er überhaupt, daß er so ist?«
- »Hast du es ihm schon gesagt?«
- »Will er sich bessern?«
- »Wer könnte dir dabei helfen?«

Was wir gar nicht vertragen, ist *Ironie*, wenn wir ernst genommen werden wollen.

Sie erzählen von den Intrigen in Ihrer Firma und sagen dabei: »Wenn das so weitergeht, werde ich hier noch verrückt.« Darauf weiß B nichts Besseres zu antworten als: »Sind wir nicht schon alle verrückt?« A würde es bestimmt wohler ums Herz werden, wenn B auf seine Probleme einginge:
- »Was stört dich besonders?«

- »Ist es in letzter Zeit schlimmer geworden?«
- »An wem reibst du dich am meisten?«
- »Siehst du Möglichkeiten, diesen Zustand abzustellen?« *

Zusammenfassend: In jedem der obigen Fälle will sich ein Mensch dem anderen mitteilen, will über seine Schwierigkeiten sprechen oder Bestätigung erfahren. Jedesmal aber errichtet B sofort Barrieren. Wundert es Sie jetzt noch, wenn ich vermute: Dieser B hat nicht allzu viele Freunde.

---

* Einige der Beispiele dieses Kapitels sind dem ausgezeichneten Buch »Anleitung zum sozialen lernen« von Lutz Schwäbisch/Martin Siems (Sachbuch rororo) entnommen.

Technik der Anerkennung

Lassen Sie sich nicht von den allzu Fortschrittlichen anstecken, die sagen, Komplimente gehörten dem vergangenen Jahrhundert an, sie seien devot, ja scheinheilig.

Natürlich können Komplimente so sein. Damit sie aber diese Vorwürfe nicht verdienen, müssen sie einigen Forderungen gerecht werden:

- Nach wie vor sind Komplimente erwünscht, wenn der damit bedachten Person das Kompliment nicht als übertrieben erscheint. Das Wort kommt aus dem Fanzösischen/Italienischen und heißt soviel wie: »Erfüllung der Pflicht einer Höflichkeitsbezeugung.«

  Sie haben mich zum Abendessen eingeladen, sich große Mühe gemacht und in nicht geringe Unkosten gestürzt. Beim Abschied sage ich: »Darf ich Ihnen nochmals für diesen wunderbaren Abend danken? Sie sind eine hervorragende Köchin. Und ich habe mich schon lange nicht mehr so gut unterhalten. Nochmals herzlichen Dank!« Damit erfülle ich die »Pflicht einer Höflichkeitsbezeugung«. Wenn nun Essen und Getränke, ferner Unterhaltung und Arrangement des Ganzen nach dem Standard der Gastgeber (nicht nach meinem!) gut waren, akzeptieren sie sehr gern meine Anerkennung und sind weit davon entfernt, sie als übertrieben zu betrachten. Auf keinen Fall wird mein Dank als das angesehen werden, was viele schlechte Komplimente in Mißkredit gebracht hat: »Man merkt die Absicht, und man ist verstimmt.« Ein Kompliment soll ein erfrischender Applaus sein. Nicht mehr.

- Ein Kompliment muß gezielt sein wie der Schuß einer Kugel. Es muß eine für die betreffende Person typische Eigenschaft anvisieren.

Es kommt ein Ehepaar zu Besuch, und X möchte der Frau ein Kompliment machen. Mit einem Blick auf die sehr geschmackvolle Krawatte des Mannes sagt er: »Ich wette, diese Krawatte hat Ihre Frau gekauft. Stimmt's?« Auch wenn jemand anderes die Krawatte ausgesucht haben sollte, bleibt es eine Höflichkeitsbezeugung: Ich traue dieser Frau viel Geschmack zu.

- Ein Kompliment wirkt um so treffender, je mehr der Spender auf diesem speziellen Gebiet als Fachmann gilt.

Sagt ein Schneidermeister zu einem Herrn: »Ihr Anzug (der von der Stange gekauft ist) könnte nicht besser sitzen, wenn er aus einem Atelier käme«, dann ist das mehr Anerkennung, als wenn ich dies sage, der zur Not Socken stopfen kann.

Ein Vorgesetzter, der Jurist ist, liest den Vertragsentwurf seines Mitarbeiters, der kein Jurist ist. »Sie wären ein hervorragender Jurist geworden.« Dies wird gern gehört, weil ein Jurist etwas von Verträgen versteht.

Lobt ein Hobbykoch den Schweinebraten, wiegt das Kompliment schwerer, als wenn es von einem Vegetarier kommt, der nur aus Höflichkeit einige Bissen Fleisch hinunterwürgt.

- Ein Kompliment muß wahr sein, zumindest den absoluten Anschein von Wahrheit erwecken.
- Lieber kein Kompliment als ein schwachbrüstiges. Es muß jemand schon den Ruf eisiger Nüchternheit haben, um es sich leisten zu können, zu einer Hausfrau zu sagen: »Sie haben eine gute Küche. Es war ein netter Abend.«
- Ist ein Kompliment gezielt (siehe oben) und wirkt es wahrhaftig, kann es ruhig etwas dick aufgetragen werden. Müssen Sie befürchten, daß Sie des Guten zuviel getan haben, wenden Sie die Reduktionstechnik an: Sie setzen nicht etwas Wesentliches herab, Sie akzeptieren alles, aber mit einer winzigen Ausnahme. Dadurch, daß Sie eine winzige Kleinigkeit in Zweifel ziehen, erhöhen Sie die Hauptsache.

»Sie haben wunderbare Beine. Sie könnten es sich sogar leisten, Schuhe mit noch ein wenig höheren Absätzen zu tragen.«

»Ihre Hände bringen mich zum Träumen. Schade, daß Sie Nagellack verwenden. Wenn Natur und Kultur etwas so reizend gemacht hat, müßte man es gar nicht übermalen.«

»Sie tanzen himmlisch. Sie könnten sich aber ruhig mehr an mich schmiegen, dann würden Sie vollendet tanzen.«

»Ihr Briefentwurf ist gekonnt, aber in der dritten Zeile würde ich das Wort X durch Y ersetzen. Ist zwar nicht sonderlich wichtig, aber wennschon – dennschon.«

»Ein Kompliment ist ein Kuß durch einen Schleier«, sagte Victor Hugo. Bohren Sie in diesen Schleier kein Loch, indem Sie gedankenlos Wörter der Einschränkung benutzen. Solche Kastrierer sind zum Beispiel die Wörtchen: »eigentlich«, »na ja«.

»Eigentlich ist das ganz schön.«

Fragen Sie darauf: »Aber?«, dann kommt meist keine Antwort.

»Wie gefällt Ihnen mein Rock?«

»Na ja, ganz gut.«

Gleich 2 Einschränkungen. Ganz gut ist weniger als gut. Und »na ja« sagt auch niemand im Taumel des Überschwangs.

Nun könnten Sie einwenden: Wer ein Kompliment macht, führt etwas im Schilde: Ein Mann will eine Frau herumkriegen; eine Frau hat's auf einen Mann abgesehen; ein Untergebener fährt Rad; ein Vorgesetzter möchte noch mehr Leistung aus seinen Mitarbeitern herauspressen – bei gleicher Bezahlung; oder ein Politiker beabsichtigt, sich bei seinem Stimmvieh einzuschmeicheln.

Diese Reihe könnte noch lange fortgesetzt werden. »Es gibt keine Fremdmotivation«, brummte der Skeptiker, »denn alles ist Manipulation . . .«

»Ist dann manche Eigenmotivation nicht auch Eigenmanipulation?« so fragte der Psychologe zurück, obgleich Gegenfragen als unhöflich gelten.

Komplimente rufen Motivationen, auch Manipulationen hervor. Niemand zwingt Sie, zu einer dieser Techniken zu greifen.

Sollten Sie aber immer und überall darauf verzichten wollen, dann wandern Sie am besten sogleich auf eine unbewohnte Insel aus. Sollten Sie jedoch in einem kapitalistischen oder in einem sozialistischen Land, im Kloster oder hinter der Theke eines Nachtklubs bleiben wollen, lohnt es sich, einige Grundsätze sprachlicher Beeinflussungsmöglichkeiten zu durchdenken, schon um notfalls dagegen gefeit zu sein.

1. Grundsatz
Große Motive setzen große Energien frei.
Kleine Motive setzen kleine oder keine Energien frei.
Egoschmeichelnde Motive setzen größte Energien frei.

2. Grundsatz
Ohne die Schubkraft einer beständigen Energie erschöpft sich sehr bald ein guter Vorsatz.

3. Grundsatz
Wünsche ich, daß ein Ziel mit großer Dynamik verfolgt wird, muß ich für eine beständige Energie sorgen, also große egoschmeichelnde Motive schaffen und unterhalten können.

Die kräftesparendste Methode besteht darin, dem Ego eines Menschen Gutes zu tun. Dazu bieten sich 3 Möglichkeiten an:
- Ich *akzeptiere* einen Menschen, seine Handlungen, seine Unterlassungen, seine Meinungen.
  »Was Sie sagen/tun . . ., akzeptiere ich.«
  »An Ihrer Stelle würde ich auch so denken, reden.«
  »Ich sehe nicht, daß man an Ihrer Stelle wesentlich anders denken, reden, handeln könnte.«
- Schmeichelhafter für das Ego ist es, wenn es in seiner Art nicht nur akzeptiert, sondern *anerkannt* wird.
  »Eines muß ich dir sagen: Wie du das gemacht hast, verdient Bewunderung.«
  »Dein Vortrag – das macht dir so schnell niemand nach.«
  »Ein Steak kann gar nicht zarter und saftiger sein.«
  »Ich glaube, Sie könnten auch den größten Mist verkaufen.«

- Am wohlsten aber fühlt sich das Ego, wenn es, genauso wie es ist, *geliebt* wird.

  »Genauso wie du dein Haar trägst, die Farbe, der Glanz, der Geruch, alles das lieb' ich.«

  »Du brauchst nichts zu tun, nichts zu sagen, nur da zu sein: Das allein schon macht mich glücklich.«

Jeder läßt sich gern motivieren, sieht er ein, daß man ihn zu seinen Gunsten beeinflussen will.

Typisches Beispiel: Der Arzt verordnet dem Patienten, sich täglich das Gesicht mit einer Emulsion abzutupfen, wenn das häßliche Ekzem verschwinden soll. Der Arzt hat keinen persönlichen Vorteil davon, ob der Patient seinem Rat folgt oder nicht. (Heilerfolge tun natürlich seinem Ego gut, und zufriedene Patienten bringen Geld in die Kasse.)

Niemand ist gern Mittel zum Zweck. Als Mittel zum Zweck fühlt sich jeder mißbraucht. Daher darf im Gespräch nie der Eindruck entstehen, daß der andere etwas zu meinem Vorteil oder womöglich zu seinem Nachteil tun soll.

So ein Gefühl käme auf, würde der Arzt zu einem Patienten sagen: »Ich habe hier ein Medikament, das ich ausprobieren möchte. Tragen Sie es jeden Abend vor dem Schlafengehen dünn auf, und kommen Sie in acht Tagen wieder.« Bin ich denn sein Versuchskaninchen?

Größtes Interesse erwecken wir, wenn wir einem Gesprächspartner zu verstehen geben, daß er in uns einen Freund hat. Da diese Zusammenhänge für jede Form von Gesprächsführung entscheidend sind, sollten wir sie in einem größeren Rahmen sehen.

Libido (Freud), Kompensationsstreben (Adler) und der Wunsch nach Selbstverwirklichung (Jungs Individuation) beinhalten das Streben nach Behagen, aber auch den Wunsch, frei von Unbehagen zu sein, vor allem frei von Ängsten. Die hinter der Evolution steckende Macht scheint uns mit Ängsten ausgestattet zu haben, die nichts anderes bewirken sollen, als uns Gefahren meiden zu lassen.

Wer sich von mir anerkannt fühlt, sieht in mir einen Verbündeten, und wäre ich auch nur Tellerwäscher in einer Großküche. In diesem Fall würde der von mir anerkannte Chef wahrscheinlich weniger unter der Angst aller Restaurantbesitzer leiden, nämlich, von mir bestohlen zu werden.

Die häufigste Form der Anerkennung ist Lob. Ich akzeptiere jemanden nicht nur, wie er ist. Ich sage ihm, daß ich ihn besonders gut finde, so wie er ist. Jemand, der weiß, daß ich ihn so, wie er ist, besonders gut finde, verliert seine Angst vor mir.

Ein Angestellter, den sein Chef lobt, wird nicht befürchten müssen, demnächst die Kündigung zu erhalten.

Ein Ehepartner, der immer wieder von der anderen Hälfte erfährt, wie sehr seine Berufsarbeit, seine Zärtlichkeiten, seine Unterhaltung, seine Kochkünste, überhaupt sein ganzes Wesen eines Lobes wert sind, braucht keine Angst zu haben, eines Tages verlassen zu werden und allein dazustehen.

Kinder, die von ihren Eltern gelobt werden, benötigen nicht soviel Lob von anderer Seite. Eltern, die von ihren Kindern anerkannt werden, strengen sich bestimmt noch mehr an, den Kindern zu gefallen und ihnen das Leben zu erleichtern.

Ich wurde schon von vielen Menschen um Rat gebeten, was sie tun sollen, um Loben zu lernen. Sie möchten loben, sie bringen es aber nicht fertig. Manchmal handelt es sich um schwer kontaktgestörte Menschen, denen auch andere, ganz natürliche Aktivitäten schwerer als gemeinhin üblich fallen. Sehr oft handelt es sich um Egozentriker, die unter 3 Vorurteilen leiden:

- lobenswert bin nur ich;
- wenn ich jemand lobe, meint er, ich habe sein Wohlwollen nötig;
- wenn ich jemand lobe, könnte er dies eines Tages gegen mich ausnützen.

Alle 3 Vorurteile beruhen auf Unsicherheit. Statt lange zu theoretisieren, verfolgen wir nun, wie ein Vorgesetzter seine Mitarbeiter durch Loben motivieren kann, besser als durch Gehaltserhöhungen. Viele Untersuchungen beweisen, wie schnell die Wirkung einer Gehaltserhöhung oder einer Geldprämie verpufft. Anerkennung kann sich aber als Dauerbrenner erweisen.

- »Ich weiß, Sie sind kein Jurist. Aber unser Syndikus hätte keinen durchdachteren Vertrag entwerfen können.«
- »Ich habe Sie soeben mit einem unserer Kunden telefonieren hören. Dieser Kunde hat jetzt sicher eine bessere Meinung von unserer Firma als vor Ihrem Anruf.«
- »Ich habe Sie soeben telefonieren hören. Schade, daß ich kein Tonbandgerät zur Hand hatte. Man hätte dieses Gespräch aufnehmen und in der nächsten Schulung unserer Mitarbeiter als mustergültig vorspielen sollen.«
- »Ich habe Ihnen diesen Brief doch erst vor ein paar Minuten diktiert? Und jetzt liegt er bereits einwandfrei getippt auf meinem Schreibtisch. Können Sie hexen?«
- »Herr Meier, ich habe ein großes Problem: Die Angelegenheit mit der Firma Müller. Ich habe übers Wochenende darüber nachgedacht, wer den Fall am besten bearbeiten könnte. Dabei ist mir niemand anderer eingefallen als Sie. Bitte, übernehmen Sie diesen Fall. Ich verlasse mich ganz auf Sie.«
- »Da habe ich eine schwierige Angelegenheit. Von diesem Gebiet versteht niemand mehr als Sie. Erledigen Sie dies bitte. Sie sind ein solcher Fachmann, daß ich Ihnen freie Hand lasse.«
- »Ein alter, ausgekochter Außenminister hätte keinen diplomatischeren Brief schreiben können.«
- »Wie Sie das wieder hingekriegt haben. Toll! Einfach toll!«
- »Ich weiß, ich störe Sie mit meinem Anruf bei der Arbeit. Aber wir haben hier in der Vorstandssitzung ein Problem. Da können nur Sie uns wieder flott kriegen. Sagen Sie mir bitte in drei Sätzen: Wie beurteilen Sie die Kreditzusage Bolivien?«
- »Sie haben genug eigene Sorgen, ich weiß. Aber ich muß Sie leider bitten, alles stehen und liegen zu lassen. Ich komme nicht weiter. Es handelt sich um den geplatzten Wechsel Pfeifer.«
- »Haben Sie Ihr Glück schon einmal als Hobbyschriftsteller probiert? Nachdem ich Ihre Aktennotiz gelesen habe, dachte ich, am Severin ist ein Kriminalschriftsteller verlo-

rengegangen. Denkt wie Sherlock Holmes. Glasklar, unbestechlich.«

- »Ich war zwar einige Zeit in Südamerika und spreche ganz passabel spanisch. Aber als ich Sie gestern dolmetschen hörte, bin ich ganz schön in mich gegangen.«

- »Sie können – unter anderem – Klarheit in einen Sauverhau bringen. Leider habe ich hier von meiner letzten Reise so ein Aktenbündel mitgebracht. Bitte, machen Sie etwas daraus. Ich warne Sie, es wird nicht leicht sein. Wenn aber hier jemand durchblickt, dann Sie!«

- »Neulich, auf der Tagung der Schiffseigner, weinte sich ein Kollege an meiner Brust aus, weil er niemand in seinem Laden habe, dem er Arbeiten delegieren könne. Da sagte ich ihm, welches Glück ich mit meiner Mitarbeiterin habe. Er wollte Ihre Adresse wissen. ›Sind Sie verrückt?‹ habe ich ihn gefragt. ›Wenn meine Sekretärin in Pension geht, kündige ich auch‹, habe ich zu ihm gesagt.«

Chef wird man heutzutage nicht, um Routinearbeiten auszuführen. Das machen neuerdings Computer besser und billiger. Chefs sind für Innovationen da. Wie sollen aber einem Chef Innovationen einfallen, wenn ihm sogar die Chance zu einem Kompliment entgeht?

Natürlich führt nicht nur der Chef seine Mitarbeiter, auch seine Mitarbeiter müssen ihn führen. Und dies nicht im Sinn einer humanen, humanistischen oder sonstwie bezeichneten Demokratie, sondern im Sinn optimaler Leistungen.

Stellen Sie sich einmal vor, Sie seien die Sekretärin oder der engste Mitarbeiter eines gegenwärtigen Staatschefs, also eines Mannes, der es zu höheren Ehren kaum mehr bringen kann. Er verdient genug, um gut zu leben. Er müßte schon mehr als dumm sein, sich aus finanziellen Gründen bestechen zu lassen. Er verfügt über alle materiellen Güter, die sich ein vernünftiger Mensch wünschen kann. Und trotzdem fehlt ihm jemand, der ihn uneingeschränkt anerkennt. Der Außenminister kommt und mäkelt herum. Der Sozialminister berichtet, daß unter des Staatschefs Leistung nicht alles so läuft, wie es laufen sollte. Der Wirtschaftsminister meint, wenn der Regierungsboß seine Haltung in der und jener Angelegenheit ändern wollte, wäre alles besser. Aber jetzt kommen Sie.

Sie sagen: »Seit ich für Sie arbeite, beschäftige ich mich viel mit Metternich, Talleyrand, Disraeli und Bismarck, weil dies nach allgemeiner Auffassung die größten Staatsmänner der letzten zwei Jahrhunderte gewesen sind. Und immer wieder vergleiche ich Sie mit diesen vieren. Jeder von ihnen hatte es ähnlich schwer wie Sie. Metternich laborierte an . . ., Talleyrand mühte sich ab mit . . ., Disraeli . . ., Bismarck schließlich mußte . . . Wenn ich ganz kühl historisch analysiere, komme ich zu dem Ergebnis: Sie erkennen Ihre Gegenwartsprobleme klarer und unvoreingenommener als jeder dieser Staatsmänner. Sie begehen keinen einzigen der Fehler, den diese großen Männer begangen haben. Und Sie sind, gewitzt durch Ihre Geschichtskenntnisse, so objektiv, daß Sie bereits eine Fehlentwicklung in ihrem embryonalen Zustand bemerken würden und sich zur Gegensteuerung entschließen könnten.«

Ob Bundeskanzler, französischer Staatspräsident, südamerikanischer Diktator oder Kremlchef, ob Vorsitzender des Vorstands, ob Vorsitzender des Aufsichtsrats: Überall herrscht der gleiche Hunger nach Lob. Und Sie riskieren, Lob eher zu dünn als zu dick aufzutragen.

Übrigens, Ihr gegenwärtiger Chef mag sich allmächtig fühlen und Sie verachten: Ohne es zu wissen, lechzt er dennoch nach Ihrer Anerkennung. Wenn Sie sich eines Tages in seiner nächsten Umgebung aufhalten, dürfen Sie nicht die Dummheit begehen und bei Ihrem bevorstehenden Auftritt vor seinem Schreibtisch ausrufen:»Oh, Sie Größter, Sie!« Er ist vielleicht schwer psychisch geschädigt, aber so verrückt wird er schließlich noch nicht sein, Ihre Ironie zu überhören. Sie müssen etwas weniger dick auftragen. Wenigstens am Anfang.

- »Ich habe schon für viele Chefs gearbeitet. Aber keiner konnte mit so wenigen Worten so viel sagen.«
- »Bei vielen Chefs muß man sich Gedanken machen, was sie eigentlich wollen. Bei Ihnen hatte ich noch nie dieses Gefühl der Unsicherheit.«

Frauen können die Kleidung ihres Chefs bewundern.

- »Ah, wo haben Sie diese schöne Krawatte her? So eine suche ich schon lange für meinen Freund.«
- »Dem Anzug sieht man auf hundert Meter an, daß er maßgeschneidert ist.«
- »Kaufen Sie Ihre Hemden selbst, oder macht dies Ihre Frau? Jedenfalls steckt immer sehr viel Geschmack dahinter.«
- »Haben Ihnen gestern abend nicht die Ohren geklungen? Da habe ich meinem Mann von dem Anzug erzählt, den Sie gestern anhatten.«

Auch wenn Ihr Chef nur eine brummige Antwort geben sollte: Glauben Sie ja nicht, daß es ihm unangenehm ist, wenn er von Ihnen bewundert wird.

Übrigens, auch Männer können sich positiv über die Kleidung von Männern äußern. Wiederholt habe ich es ausprobiert und gefunden, wie gut dies ankommt.

- »Was ist das für ein Stoff? Sie haben den Anzug schon den ganzen Tag an und noch keine einzige Falte drinnen. So etwas suche ich schon lange.«
- »Dieser Anzug erscheint extrem leicht. Muß sehr angenehm zu tragen sein bei dieser Affenhitze.«
- »Sie mit Ihrer Figur können natürlich so etwas tragen.«

Der Untergebene kann übrigens die gleichen Formulierungen verwenden, die sein Chef gebraucht, wenn er Anerkennung aussprechen will.

- »Ich habe gestern die Kopie Ihres Briefes an die Schwierig AG gelesen. Ich kenne ja die Vorgeschichte und war sehr gespannt darauf, wie Sie die Firma da aus der Affäre ziehen. Das ist Ihnen so meisterhaft geglückt, daß die Herren der Schwierig AG sich vor Wut die Haare ausraufen werden.«
- »Ich habe viel darüber nachgedacht, wie man den Fall lösen könnte. Aber auf Ihre Lösung bin ich nicht gekommen. Das Ei des Kolumbus!«
- »Wenn Sie sich selbständig gemacht hätten, wären Sie jetzt wahrscheinlich der Marktführer in unserer Branche.«
- »Das interessiert mich schon lange. Wie haben Sie solche

Meisterschaft auf diesem Gebiet erreicht? Kann man dies überhaupt lernen?«

Nochmals: Gleichgültig, wie Sie solche Formulierungen einordnen, ob in die Schublade »Motivation« oder »Manipulation«, diese Art der Anerkennung soll der Wahrheit entsprechen. Nur dumme Menschen weichen ohne Not von der Wahrheit ab. Und Lügen haben überall kurze Beine.

Ein feiner Intellekt (fein im Sinne des französischen »fin, fine«, das die Fähigkeit zu scharfsinnigem Unterscheiden beinhaltet) wird jedoch nicht das Offensichtliche anerkennen und loben. Daß ein Mann 2 Meter groß ist, weiß er selbst, braucht also von mir nicht anerkannt zu werden. Vielleicht bedrückt ihn aber die Sorge, daß er mit seinen 2 Metern etwas tolpatschig wirkt. Können Sie ihm sagen, daß er sich trotz seiner Größe leicht und elegant bewegt, fällt ihm ein Stein vom Herzen, und er wird es Ihnen danken. Vielleicht nicht sofort, bestimmt aber irgendwann einmal; denn es ist eine weitere Gesetzmäßigkeit menschlichen Zusammenlebens: Wer uns Gutes tut, dem möchten wir auch Gutes tun.

Und zu guter Letzt sei hier noch auf das Kapitel »Titel« hingewiesen, da sie für viele Menschen sehr wichtig sind und für sie Anerkennung bedeuten.

Sprache der Liebe

Sprechen Sie von Liebe, sprechen Sie leise. Leise ist die Sprache der Liebe.

Auf Unbeteiligte wirkt die Sprache der Liebe oft lächerlich. Lassen Sie sich deshalb dabei nicht von Unbeteiligten belauschen.

Gedankenlos und routinemäßig ausgesprochene Kosenamen verlieren ihr Gewicht.

Verwenden wir starke Worte bei Alltäglichkeiten, wo bleiben dann die Steigerungsmöglichkeiten für besondere Anlässe?

Jede Situation erfordert einen anderen Wortschatz. Selbstverständlich sollten wir anders im Büro oder Wirtshaus als im Bett miteinander sprechen. In der Liebe ist alles, auch beim Wortschatz, erlaubt, was gefällt.

Jeder Mensch will um seiner ganzen Persönlichkeit willen geliebt werden. Der Hinweis, daß wir jemand nur oder vorwiegend aus sexuellen, finanziellen oder anderen egoistischen Gründen lieben, beleidigt.

Wir müssen auch im Gespräch einen Menschen als Selbstzweck respektieren und ihn nicht als Mittel zum Zweck degradieren.

»Warum glaubst du eigentlich, daß ich dich geheiratet habe? Damit du deinen Teil mitträgst.«

Das ist weniger erfolgversprechend als diese Formulierung:

»Wir haben uns ein gemeinsames Ziel gesetzt. Wir erreichen es leichter, wenn wir uns die Arbeit teilen. Ich eigne mich für das besser, du meines Erachtens für jenes.«

Der Liebende bewundert ausgiebig, zunächst andeutungsweise und dann immer offener und ungestümer, bis die geliebte Person am Ende selber glaubt, daß sie bewundernswert ist; deshalb fühlt sich die geliebte Person nicht nur wohler, sondern sie denkt auch besser von sich als zuvor. Wer dies meisterhaft zu bewirken versteht, wird für den anderen unentbehrlich.

Der Liebende sagt der geliebten Person nur das, was sie gewissermaßen als Wertzuwachs empfindet. Sie muß sich nach einem Gespräch wertvoller fühlen als zuvor.

Wer nur Angenehmes sagt, hat nie unrecht.

Liebende sind sehr unkritisch. Zärtliche, bewundernde Worte können gar nicht dick genug aufgetragen werden; Kitsch verletzt verliebte Ohren nicht, solange die Worte ehrlich klingen.

Liebende erwarten Zärtlichkeit auch beim Bitten. Menschen erhören eher Flehen als Forderungen.

Vorwiegend Männer glauben, sie imponieren Frauen durch Selbstlob. Ein Prahler macht sich lächerlich. Leichte Untertreibungen im Stil der englischen »Understatements« kommen gut an. Sagt ein Herr im Maßschneideranzug, er arbeite bei Bosch, nimmt kaum jemand an, daß er dort als Hausmeister eingesetzt ist. Er braucht uns also nicht gleich mit all seinen Titeln und Verdiensten zu bombardieren. Doch gibt es auch Untertreibungen, aus denen die Eitelkeit schillert:

»Ich habe so einen ganz kleinen Betrieb, nicht der Rede wert. Er ernährt gerade seinen Mann, wenn man nicht zu anspruchsvoll ist. Aber für ein Ferienhaus auf den Bermudas reicht's immer noch.«

»Wir produzieren Kunststoffleisten«, klingt unaufdringlicher.

Achten Sie darauf, daß nicht nur Ihr Mund, sondern auch Ihr Körper die Sprache der Liebe spricht.

Gespräche zwischen Ehepartnern

Spätestens nach einigen Jahren kennt ein Ehepartner die Geschichten, die Witze, die erzählenswerten Ereignisse, die Bonmots, die Modewörter, die Sprüche, die Lebensweisheiten, die Über- und Untertreibungen des anderen. Nun bedarf es nicht mehr vieler Worte, um sich zu verstehen.

»Wie wär's mit einem Sauerbraten am Wochenende?«

»Nicht schlecht.«

Damit ist alles gesagt. Er weiß im voraus, wie der Sauerbraten und die dazugehörenden Kartoffelknödel schmecken werden. Sie weiß, wie beides gemacht wird und wieviel Soße sie produzieren muß, damit das Gericht, wie üblich, auch noch für Sonntagabend reicht. Steht es dann auf dem Tisch, begnügt er sich mit einem »sehr gut«, und sie hat eigentlich gar nichts anderes erwartet, wohl wissend, daß es ihm wieder einmal mehr schmeckt, als seiner Figur und seiner Zuckerkrankheit bekommt. Manchmal reicht es nicht einmal mehr zu einem Wörtchen der Anerkennung. So antwortete ein Ehemann, befragt, wie es ihm schmecke: »Ja, siehst du denn nicht, wie ich reinhaue?«

Ähnlich »prosaisch« geht es vorm Fernseher, im Auto und im Bett zu. Sie kennen den beidseitigen Geschmack, und mehr als die notwendigen Erklärungen würden das Gespräch in die Nähe von Geschwätz bringen. Es gehört zum Charme langjähriger Verbindung, daß man sich auch ohne viele Worte versteht. Gespräche außerhalb der Routine kommen meist nur auf, wenn ungewöhnliche Situationen auftreten. Reisen in eine fremde Umgebung, finanzielle oder familiäre Probleme, Anschaffungen, auseinandergehende Meinungen.

Trotz langjähriger Zusammengehörigkeit und trotz des festen Willens, bis zum Tod beisammenzubleiben, erwartet aber der Ehepartner vom anderen mindestens soviel Anerkennung, daß er das Gefühl haben kann, der zweite im Joch bedauert nicht, mit ihm eine Verbindung eingegangen zu sein. Ein Mehr an ehrlich gemeinter Anerkennung schadet nie.

- »Kannst du Gedanken lesen? Genau so etwas hatte ich mir zum Geburtstag gewünscht.«
- »Nein, nein! Du wirst die Reiseroute festlegen. Das verstehst du viel besser als ich.«
- »Ein wunderbarer Waldstrauß!«
- »Den Garten hast du wieder schön hingetrimmt. Die Blumenbeete – eine wahre Pracht!«
- »Was, so weit bist du schon? Das geht aber schnell!«
- »Das war eine gute Idee von dir.«
- »Ich habe dich neulich neben Frau X gesehen. Ihr seid beide gleich alt. Du siehst jünger aus.«
- »Du hast die Figur/die Bewegungen eines jungen Mädchens.«
- »Ah, eine neue Frisur! Gut. Steht dir.«
- »Das Essen unterwegs war scheußlich. Du kochst so gut, daß es mir nur noch zu Hause schmeckt.«
- »Es freut mich, daß die Kinder zu dir ein so großes Vertrauen haben.«
- »Prima, wie du unsere aufmüpfige Tochter zur Vernunft gebracht hast.«
- »Du fährst sehr gut. Ich kenne niemand, der so sicher und ruhig fährt.«
- »Hast du gemerkt, wie es den X bei uns gefallen hat. Du hast aber auch alles phantastisch hingekriegt.«
- »Selbstgemacht die Bluse? Da übertreibst du! Du bist doch keine gelernte Schneiderin.«
- »Hast du gesehen, wie die alte Frau X mich um dich beneidet? Sie hat dich mit ihren Augen fast gefressen.«
- »Und wie dich Max angeschaut hat! Der ist scharf auf dich. Verständlich!«
- »Man sieht natürlich schon, daß Fritz einige Jahre jünger ist

als du. Aber mit deiner geistigen Lebhaftigkeit wirkst du viel jünger als er.«

- »Da hast du meiner Mutter einen schönen Brief geschrieben. Du weißt ja, wie stolz sie auf ihren Schwiegersohn ist.«
- »Du wirst mir das dann schon erklären. Du kannst das so gut.«
- »Du könntest dir dein Geld auch als Elektriker verdienen. Wo du das nur gelernt hast?«
- »Da würde sich mancher Junge freuen, wenn er deine Kondition hätte.«

Kluge Menschen denken rechtzeitig an die Zukunft. So bedenken sie zum Beispiel in der Hoch-Zeit ihrer Liebesgefühle, daß dieser Zustand nicht immer so anhalten wird, weil er nicht lange anhalten kann. Um den Niveauabfall der Gefühle auf ein Minimum zu beschränken, werden kluge Leute im Frühling weder vor zärtlichen Worten schäumen noch im Winter auf das Vokabular streitender Kinder zurückgreifen. Dann kommt nicht so leicht die Empfindung auf, wie lieb war er/sie früher und wie garstig ist er/sie jetzt.

Manche Ehepartner finden zu den erfreulichsten Formen ihrer Beziehungen zurück, wenn sie Zuhörer haben. Dann hagelt es von »Liebling, würdest du bitte?« – »Aber sicher, Schatzi.« Damit kann man Gäste erheitern, aber das wird kaum die Absicht der falschen Turteltauben sein. Die Eheleute mögen sich aber denken: Schau mal einer an, wie nett mein Alter/meine Alte sein könnte, wenn er/sie nur wollte.

Der »Es ist ja nur meine Frau/mein Mann«-Standpunkt ist häufig einfältig und gefährlich. Vergleichen Sie bitte die zwei folgenden Gespräche:

Herr A verreist und ist gerade dabei, das Haus zu verlassen. Er spricht mit seiner Frau:

»Wann geht das Flugzeug?«

»Um zwölf Uhr.«

»Dann muß ich mich beeilen. Trag den Koffer schon zum Auto. Nicht in den Kofferraum, sondern auf den Rücksitz.«

»Gut, dann hast du ihn schneller zur Hand.«

»Wo ist mein Paß?«

»Den habe ich in deine Brieftasche gesteckt.«

»Gut.«

Derselbe Herr A ist am Flughafen angekommen:

»Wo ist die Wechselstube, bitte?«

»Zweiter Schalter rechts.«

»Danke schön. Und wissen Sie zufällig, wo man hier eine Zeitung kaufen kann?«

»Kommen Sie mit, ich gehe in diese Richtung.«

»Sie sind sehr liebenswürdig.«

Kein einziges »Bitte« und »Danke« zu seiner Frau, obgleich sie für den Rest seines Lebens zu den für ihn wichtigsten Menschen zählen wird, wohl aber Formen der Höflichkeit wildfremden Personen gegenüber, die er mit großer Wahrscheinlichkeit nie mehr in diesem Leben sieht.

Die Bedeutung, die mein bester Freund, meine beste Freundin, Geschwister, Kinder und Ehepartner für mich haben, zwingt mich zu größter und vorsichtigster Rücksichtnahme, während es mir ziemlich gleichgültig bleiben kann, wie ein Fremder, der in einem Flughafen meinen Weg kreuzt, über mich denkt.

Übrigens, wer garantiert dem Rüpel, daß in seiner Abwesenheit nicht sein bester Freund seiner Frau »die volle Wahrheit« sagt, nämlich, daß er ohne sie nicht mehr leben könne und sie auf Händen tragen wolle – selbstverständlich nur in der Abwesenheit seines besten Freundes.

Verräterische Worte

Seien Sie als Mann hellhörig, wenn Sie eine der folgenden Formulierungen aus dem Mund Ihrer Frau oder Ihrer Freundin vernehmen. Eine solche Redewendung könnte bedeuten, daß das Ende ihrer Liebe eingeläutet wird oder daß »Sie« sich innerlich rechtfertigen will, weil sie ihn betrügt.

- »Eigentlich mußt du recht zufrieden sein, daß du eine Frau wie mich hast: verständnisvoll, sparsam . . .« (Es kommen bestimmt noch einige andere schmückende Beiwörter.)
- »Hast du dich überhaupt schon einmal gefragt, ob du eine Frau wie mich verdienst, eine Frau, die . . . (siehe oben!).
- »Wenn du auch nur eine Sekunde zögerst, dies einzusehen/ dies zu billigen/dies zu entschuldigen/dich dafür zu entschuldigen, dann fehlt dir ganz einfach etwas. Etwas sehr Wesentliches!«
- »In diesen Dingen sehen wir Frauen richtiger/schärfer/genauer.«
- »In diesen Dingen mußt du mich fragen, weil du als Mann davon doch nichts verstehst.«
- »Du solltest mir schon mehr Respekt/Freiheit/Selbständigkeit/Taschengeld gewähren: Schließlich bin ich die Mutter deiner Kinder.«
- »Wenn du in diesen Dingen, die du nicht verstehst, nicht hören willst, dann mußt du fühlen.«
- »Glaube ja nicht, daß ich nicht anderen Männern gefalle! Ah, wenn du wüßtest!«
- »Für den Stil in Wohnung oder Haus bin nur ich zuständig, weil du von Stil und Geschmack sowieso keine Ahnung hast.«

Was »Er« oder »Sie« sagen kann:

- »Verzeih, wenn ich in letzter Zeit so spät nach Hause gekommen bin. Aber es fällt nun einmal soviel Arbeit in der Firma an.«
- »Man ist abends ganz fertig.«
- »Ich muß heute zu einem alten Freund gehen, den ich schon eine Ewigkeit nicht mehr gesehen habe.«
- »Ach verzeih', ich habe nicht genau hingehört. Ich bin so überarbeitet.«
- »Du hast gesagt, um zwölf würdest du nach Hause kommen. Punkt zwölf stand das Essen auf dem Tisch. Jetzt ist es zwölf Uhr zehn. Natürlich ist es kalt. Deine Schuld! Wartest du gern auf das Essen? Also!«
- »Ich kann es dir nicht mehr recht machen. Vielleicht brauchst du einen anderen Mann/eine andere Frau.«
- »Verzeih', Schatz, wenn ich für deine Worte nicht das richtige Ohr habe. Ich stamme nun mal nicht aus so vornehmen Kreisen wie du. Sorry!«
- »Ja, Liebling, ich habe wieder meine Migräne. Meiner ärgsten Feindin würde ich solche Schmerzen nicht wünschen. Ich weiß, Liebling, du mußt heute ausgehen. Des Geschäfts wegen. Geh nur. Nimm keine Rücksicht auf mich. Bei deiner robusten Gesundheit kannst du mich ja doch nicht verstehen.«
- »Wie gut habt es ihr Männer! Ihr seid täglich unter Leuten. Ihr erfahrt täglich etwas Neues. Wo sollen wir Frauen geistige und seelische Anregungen herbekommen? Von unseren Babys?«
- »Ich weiß, du denkst nur an dich. Deshalb willst du nicht, daß ich ein Kind bekomme.«
- »Nur aus Verantwortungsgefühl für dich, meine Frau, und für unsere Kinder habe ich diesen entsetzlichen Beruf noch nicht an den Nagel gehängt.«
- »Die Kinder zu erziehen, ist schwer genug. Unendlich schwer aber, wenn der Mann dabei nicht am selben Strang zieht wie seine Frau.«

Es wäre gleichermaßen ungünstig für den Fortbestand der Beziehungen, solche Worte einfach zu überhören oder sie für einige Zeit durch zärtliche Küsse zu unterdrücken. Nach der großen Versöhnung (meist im Bett) kommt die alte Unzufriedenheit zurück – so etwa wie ein Kork wieder an die Oberfläche springt, wenn ich den Finger wegnehme, mit dem ich ihn unter Wasser gehalten habe. Nur wenn solche Konflikte besprochen werden und zu einer Art fairem Vertrag führen, kann die alte Vertrautheit in der Partnerschaft wiederhergestellt werden.

Gespräche mit Kindern

So herzhaft Kinder lachen können, so wenig vertragen sie auch nur den Hauch von Spott und Ironie, sofern sich diese gegen sie richten. Eine Tracht Prügel kann sie nicht tiefer treffen als das Gefühl, nicht ernst genommen zu werden.

Ein Kind sollte mindestens einmal am Tag ehrlich und vernehmlich gelobt werden. Die meisten der oft sogar verbrecherischen Kraftmeiereien, die unsere Jugendlichen und rechtlich erwachsenen Halbstarken vollbringen, entspringen dem Bedürfnis nach Anerkennung.

Gerade bei Kindern bewährt sich die Technik der 3. Partei. Sie besteht in folgendem: Ich will den C etwas wissen lassen, sage ihm dies aber nicht direkt, obwohl er sich in Hörweite befindet, sondern ich sage es dem B so, daß es C hören muß. Ärzte machen dies gern bei der Visite. So sagt der Chefarzt am Krankenbett eines Patienten zu seinem Oberarzt: »Das Blutbild ist gut, wesentlich besser als vor drei Wochen. Auch das EKG zeigt Normalwerte an. Herr Kollege, ich glaube, wir sind auf dem richtigen Weg.« – »Ganz meine Meinung, Herr Professor!« Der Patient denkt sich: »Würde der Professor mir das sagen, könnte Berechnung dahinterstecken. Wenn er dies aber seinem Oberarzt mitteilt, dann wird es wohl stimmen.« Es ist bewiesen, daß die Technik der 3. Partei psychologisch wirksamer ist als die direkte Mitteilung an den Betroffenen.

Vollendet angewandt, erlebte ich sie einmal in einer nordamerikanischen Familie, die 2 Waisenkinder adoptiert hatte. Mir fiel beim Essen das Messer auf den Boden. Einer der Jungen sprang auf und brachte mir ein anderes:

»Ein Kerl wie ein Fuchs, dem nichts entgeht.«

Als ein Aschenbecher fehlte und einer der Jungen ihn brachte:
»Habe ich nicht bemerkt . . .«
Und so ging es weiter:
»Da möchte ich mal kein Bulle sein, wenn die zwei Cowboys
sind . . .«
»Die solltest du auf ihren Ponys reiten sehen . . .«
»In der Schule könnten sie etwas besser sein, aber die Kurve
kriegen sie demnächst ganz bestimmt . . .«
Die Buben spielten am Boden in einer Ecke des Zimmers und
schienen nichts zu hören, aber ihre Ohren wurden schließlich
feuerrot.
Im übrigen haben Kinder denselben Anspruch auf Anerken-
nung wie Erwachsene. Versage ich einem Erwachsenen die
Anerkennung, mit der er glaubt, rechnen zu können, kränke
ich ihn für mehr oder weniger lange Zeit. Ein Kind aber schä-
dige ich damit für immer.

Gespräche mit Jugendlichen

Gespräche also mit Menschen, die aussehen wie Erwachsene, aber immer noch Kinder sind. »Halbstark« ist eine treffende Bezeichnung für diesen Zustand, ohne daß damit eine Kränkung ausgesprochen werden sollte. Ich bin, verglichen mit anderen, auf vielen Gebieten »halbstark«: als Skifahrer, als Gitarrist, als Koch, als Bastler und auf nicht wenigen anderen Gebieten. Nur, ich bin alt genug, um akzeptieren zu können, daß ich hier oder dort große Schwächen habe.

Zu diesem Zugeständnis reicht die seelisch-geistige Entwicklung der jungen Leute zwischen erster und 2. Pubertät nicht aus. In welchem Alter die 2. Pubertät abläuft, werden Sie jetzt vielleicht fragen. Das ist noch schwerer vorauszusagen als das Datum der ersten. Manche Menschen pubertieren noch mit 18, andere schon wieder mit 20. Viele, die ein Leben lang mit ihren Zeitgenossen nicht zurechtkommen, scheinen an einer Dauerpubertät zu leiden.

Wie jede Zeit des Übergangs verunsichert die Pubertät den Menschen und macht ihn besonders verwundbar. Die Natur wollte es, daß sich leicht verwundbare Exemplare sehr energisch verteidigen, damit sie größere Überlebenschancen haben. Dadurch entsteht oft eine Haltung, die wir als arrogant bezeichnen. Es bedarf einer Portion Weisheit und, was nicht immer identisch ist, einer Portion Menschenkenntnis, um die Arroganz der Halbstarken mit Gelassenheit zu ertragen. Jeder Gegenangriff muß notgedrungen ihre Arroganz erhöhen. Muß die Fronten verhärten. Muß die Explosionen potenzieren.

Das Gespräch mit Jugendlichen fällt dem Erwachsenen aus folgendem Grund besonders schwer: Er kann ihnen keine

Märchen mehr erzählen. Dafür sind die Hörer zu skeptisch. Er darf ihnen auch nicht immer rücksichtslos die Wahrheit sagen. Dafür sind sie zu verwundbar. Aus so einem Jugendlichen kann einmal ein Nobelpreisträger werden. Aber in dem Zustand, in dem Sie ihn mit seinen 16 – 20 Jahren antreffen, ist sein späterer brillanter Verstand mit so wenig Information gefüllt, daß er gar nicht anders kann, als zu Fehlurteilen zu gelangen.

Übrigens, in einem Zeitalter, da Jugend Triumph ist und auch Omas wie Teenager wirken wollen, kann das geplante Gespräch mit Jugendlichen Therapie sein, wahre Frischzellentherapie gegen Arterienverkalkung und der damit verbundenen Vergeßlichkeit im weitesten Sinn des Wortes. Oder sollten Sie bereits vergessen haben, welch dummes Zeug Sie als Heranwachsender geträumt, geredet und verzapft haben?

Einige Beispiele:

- »Du warst gestern in einer Versammlung von Kriegsgegnern. Was wurden da für Ideen vertreten?«

»Erstens . . ., zweitens . . ., drittens . . ., achtens . . .«

»Sehr vernünftige Ideen. Jede davon müßte unterstützt werden. Habt ihr auch diskutiert, wie diese Ideen verwirklicht werden können?«

»Ja, aber das ist enorm schwer. Vor allem die Kriegstreiber in . . .«

»Bestimmt gibt es da einige Leute, die zumindest vor einem kalten Krieg nicht zurückschrecken. Wie wurde die Haltung von . . . eingeschätzt?«

»Das Volk hat so viele wirtschaftliche Probleme, daß die Menschen an einer Steigerung ihrer Rüstung gar nicht interessiert sein können. Die wollen lieber Schuhe und Hemden herstellen als Waffen . . .«

Es wäre für den Vater ein Leichtes gewesen, schon jetzt so viel Material zu sammeln und gegen die Argumente vorzubringen, daß sein Sohn oder seine Tochter wegen seiner »Beschränktheit« das Handtuch geworfen hätten oder aber zum Angriff übergegangen wären. Doch war dies nicht Vaters Absicht.

Im Gespräch mit Jugendlichen hat sich die Fragemethode des

alten Sokrates gut bewährt. Sokrates gab keine Stellungnahme ab, sondern leitete das Gespräch mit Fragen. So brachte er seinen Gesprächspartner dazu, daß er sich am Ende selbst die Antwort gab, die ihm Sokrates hätte geben können.

Eine 18jährige Oberschülerin kommt nach Hause und erzählt, wie »irre« heute das Wahlfach Französisch gewesen sei:

»Warum?«

»Wir haben die Lehrerin gebeten, Jungens von der Parallelklasse, bei denen eine Stunde ausgefallen war, am Französischunterricht teilnehmen zu lassen. Die Jungens haben vielleicht Rabatz gemacht.«

»Hat die Lehrerin nicht für Ordnung gesorgt?«

»Die war völlig machtlos und am Ende den Tränen nahe.«

»Habt ihr sie nicht unterstützt und die Jungens an die Luft befördert?«

»Nein, es war doch so lustig.«

»Die Lehrerin ist also am Ende von euch bestraft worden dafür, daß sie euch einen Wunsch erfüllt hat?«

»Ja, so war es.«

»Hältst du dies für fair?«

»Nein.«

Der 19jährige Sohn möchte seine Freundin mit nach Hause bringen und mit ihr in seinem Zimmer schlafen. Die Eltern sind dagegen:

»Die Eltern meiner Freundin haben auch erlaubt, daß ich bei ihr schlafe.«

»Waren sie ohne weiteres damit einverstanden?«

»Ja.«

»Warst du der erste Junge, der dort bei ihrer Tochter schlafen durfte?«

»Das weiß ich nicht. Aber das spielt doch überhaupt keine Rolle.«

»Zur Zeit ist Marianne deine Freundin. Vorher waren es zwei, drei andere. In einigen Wochen kann es wieder eine andere sein. Wenn wir jetzt erlauben, daß Marianne hier schläft, kommst du dann nicht in einigen Wochen und sagst: ›Heute nacht bringe ich eine andere mit.‹ Könnte das möglich sein?«

»Ja, aber was soll das?«

»Erinnert dich dies nicht ein wenig an ein Hotel, wo jeder mitbringen kann, wen er will?«

»Ja, aber das ist doch Blödsinn.«

»Wir möchten nicht nachts oder morgens ins Bad gehen und dort ein fremdes Mädchen antreffen.«

»Aber ihr kennt doch Marianne. Die war doch schon einige Male da.«

»Wir kennen sie nicht. Wir haben ein paar Mal ›Guten Tag‹ gesagt. Das war alles. Wirst du sagen, du kennst jemanden, zu dem du nur ein paar Mal ›Guten Tag‹ gesagt hast?«

»Nein.«

»Und wir lassen keine uns unbekannten Leute im Haus schlafen.«

»Ihr könnt euch ja einmal eine Stunde mit Marianne zusammensetzen.«

»Wer will einen Menschen in einer Stunde kennenlernen?«

»Verstehe ich euch richtig, daß ihr sagen wollt: Ich darf nie ein Mädchen bei mir schlafen lassen?«

»Wir behalten uns das Recht vor, jemanden zu uns einzuladen oder nicht. Wenn dir dieses Haus einmal gehören wird, wirst du das genauso handhaben. Einverstanden?«

Sicherlich kein sehr erfreuliches und auch kein sehr geglücktes Gespräch. Aber wenigstens ein Gespräch, das in der Form nicht verletzt.

Übrigens, je häufiger Eltern an ihren kleinen und größeren Kindern etwas loben, um so leichter fällt es dann den Kindern, ein Nein der Eltern zu akzeptieren. Dann sind sie eher gewillt, nachzudenken und nachzugeben, als wenn alles, was sie sagen oder tun, auf Kritik und Ablehnung stößt.

Als Vater scharfzüngiger Kinder weiß ich, wie schwer Gespräche mit Halbwüchsigen sein können und wieviel Beherrschung sie oft erfordern. Schlagabtausch macht aber die Angelegenheit nicht besser. Je öfter Sie infolge größeren Wissens, größerer Lebenserfahrung oder Beredsamkeit den Sieg davontragen, um so häufiger haben Sie verloren.

Praktische Formulierungen gegen völlig unverdauliche Argumente sind:

- »So, wie du dies sagst, habe ich das noch nie gesehen. Da muß ich erst einmal darüber nachdenken.«
- »Ich habe außer mit euch zu keinen anderen jungen Leuten Kontakt. Was du da sagst, ist für mich ganz neu. Da mußt du mir einige Zeit lassen, mal darüber nachzudenken.«
- »Was du da sagst, verstößt ganz gegen das, was ich bisher für richtig gehalten habe. Aber ich will ja nicht behaupten, wir Alten hätten immer Recht.«
- »So wie du das formulierst, klingt das einleuchtend. Jetzt müßte man halt wissen, ob es sich auch in der Praxis durchführen läßt. Ich wünsche es.«

Schweigen kann manchmal eine sehr kluge Antwort sein, vor allem, wenn uns im Augenblick keine gute einfällt. Oder wenn weitere Argumente den Jugendlichen noch mehr reizten. Haben wir es mit einem wirklichen Gegner zu tun, kann es uns gelegen kommen, wenn er sich vergißt und in »schreiendes« Unrecht setzt. Damit liefert er sich aus. Davor sollten wir aber die uns anvertrauten Jugendlichen bewahren.

Gespräche mit Langweilern

Nehmen wir an, Sie müßten Gespräche mit einem langweiligen Menschen über sich ergehen lassen und könnten aus irgendeinem Grund Techniken des Themenwechsels nicht anwenden. Ein häufiges Schicksal. Oder befanden Sie sich nicht auch schon oft in der Lage, Interesse für Menschen oder Themen heucheln zu müssen, die Ihnen gar nichts bedeuten? Können Sie es sich leisten, Ihrem wichtigsten Kunden oder Ihrem Chef gegenüber Desinteresse zu zeigen? Bei seinen Ausführungen zu gähnen? Oder gar einzuschlafen?

Übrigens, befällt Sie ein unkontrollierbarer Drang zu gähnen, dann husten Sie, kurz bevor Sie gähnen müßten. Die Hand halten Sie dabei sowieso vor den Mund. Niemand wird dann merken, warum es Sie plötzlich schüttelt. Den Eindruck einer leichten Erkältung erhöhen Sie, wenn Sie sich nach dem Husten räuspern und sich entschuldigen.

Damit Sie aber nicht zu oft husten müssen und sich vor allem nicht zu Tode langweilen, beschäftigen Sie sich am besten geistig. Machen Sie aus dem Gespräch ein Spielchen. Und so lautet die Gebrauchsanweisung:

- Schauen Sie ihrem Gesprächspartner ganz intensiv in die Augen.
- Stellen Sie fest: Welche Farbe haben seine Augen? Wie lang sind seine Wimpern? Welche Form besitzen seine Augen? Sind beide gleich groß?
- Wie sind seine Augenbrauen?
- Trägt er eine Brille? Beschreiben Sie deren Gläser. Überlegen Sie sich, wie er wohl ohne Brille aussieht.
- Wenn Sie eine Fremdsprache können, benutzen Sie die Mo-

nologe ihres Gesprächspartners für Dolmetscherübungen. Übersetzen Sie mental, was er Ihnen sagt.

- Wollen Sie etwas für Ihre eigene Ausdrucksweise tun, dann verwandeln Sie sein langweiliges Deutsch in fesselnde Sprache.
- Erforschen Sie, warum er Ihnen dies überhaupt erzählt und warum so. Versuchen Sie herauszufinden, warum dieser Mensch so langweilig wirkt.
- Wie er sich wohl als Liebhaber/Liebhaberin benehmen wird?
- Malen Sie sich die Liebeserklärung eines solchen langweiligen Zeitgenossen aus.
- Versuchen Sie die Wirkung von Ausrufen zarten Entzückkens zu studieren, etwa so:
  »Ja, was Sie nicht sagen!«
  »Das darf doch nicht wahr sein!«
  »Wie interessant!«
  »Spannend! Spannend!«
  »Wer hätte das gedacht?!«

Natürlich zählt es auch zum Reiz dieses Spielchens, meine Eignung zum Schauspieler zu studieren. Und sich zu amüsieren, wie todernst ich schauen kann und innerlich vor Lachen platzen möchte.

Nehmen wir nun an, Sie können es sich leisten, Langweiler abzuwimmeln, dann versuchen Sie Formulierungen im folgenden Stil:

- »Muß ich das *jetzt* wissen?«
- »Muß ich das überhaupt wissen?«
- »Können Sie mir dies nicht ein anderes Mal sagen? Ich muß jetzt gleich . . .«
- »Ich glaube, es genügt, daß *Sie* darüber Bescheid wissen. Ich will darüber gar nicht informiert werden. Sie machen das allein schon richtig.«
- »Mir wäre es lieber, Sie würden mich darüber nicht unterrichten. (Lächelnd.) In meinem Kopf geht heute nichts mehr: Er ist voll mit der Angelegenheit XYZ.«
- »Was Sie da sagen, ist sehr interessant. Könnten Sie mir das

nicht in einigen Sätzen aufschreiben? Telegrammstil. Ganz informell mit der Hand.«

- »Was Sie da sagen, würde ich gern in der nächsten Besprechung vortragen, und zwar in knappster Form. Machen Sie bitte aus dem, was Sie mir schon gesagt haben und noch sagen wollen, ein Telex.«
- »Ich muß in zwei Minuten einen wichtigen Termin wahrnehmen. Stellen Sie sich vor, ich sei jetzt in New York, und Sie wollten mir Ihren Bericht telefonisch mitteilen. Sagen Sie mir also das Wichtigste in zwei Minuten.«

Gespräche mit krankhaft Geschwätzigen

Fast in jedem Theaterschwank tritt eine Gestalt auf, deren komische Wirkung in ihrem Geschwätz besteht.

2 Beispiele:

»Ich kaufe jetzt beim Metzger Huber ein. Den kennst du nicht. Der Herr Huber ist ein sehr netter Mann. Er hat die beste Streichwurst von der ganzen Stadt. Frau Schmöckle, eine Pensionistin, die gerne Streichwurst ißt, hat schon alle Metzgereien abgeklappert, aber nirgendwo hat sie eine so gute Streichwurst bekommen wie beim Metzger Huber . . .«

»Gestern habe ich einen alten Arbeitskollegen getroffen. Ich weiß nicht, ob ich dir schon mal von ihm erzählte? Er hat gesagt, daß er jetzt einen Hund hat. Einen Dobermann. Die sollen böse sein, schreiben die Verfasser von Hundebüchern. Die sind aber gar nicht böse. Die sind sehr lieb. Und so intelligent! Wirklich, äußerst intelligent, sagt mein alter Arbeitskollege.«

Wirklich, kein Mensch interessiert sich dafür, wo diese Vielschwätzerin ihre Streichwurst kauft und ob Dobermänner ihren Ruf verdienen oder nicht. Der Hinweis, daß solche Mitteilungen mangels Bedeutung langweilen, läßt den Redenden völlig kalt, so wie ein Erkälteter weiter niesen muß, auch wenn Sie ihm sagen, seine Hatschis würden nun allen reichen.

Ich kenne eine Frau, die ihre Schwiegertochter schon aufs Klo begleitet hat, um in ihrem Redefluß nicht eine kleine Pause einlegen zu müssen.

Wenn Sie einem solchen geschwätzigen Menschen nicht entfliehen können, empfehle ich Ihnen, zu den im Kapitel »Gespräche mit Langweilern« angebrachten Tips hinzu noch folgende auf ihre Sachdienlichkeit in Ihrem speziellen Fall zu prüfen:

- Kleine Kinder haben an Vielschwatzenden oft ihre größte Freude, wenn es ihnen gelingt, sie zum Erzählen von Geschichten zu bewegen; auch Tiere, vor allem verspielte, wie Dackel, Pudel, Zwergpinscher, Wellensittiche und Papageien, mögen es zuweilen, wenn jemand auf sie albern einredet, besonders, wenn ihnen dabei auch noch der Bauch gekrault wird.

- Ältere, einsame Menschen sind oft recht dankbar, wenn sie in eine Familie eingeladen werden, in der es einen ewig Schwatzenden gibt. In vielen Fällen ertragen dann diese Einsamen ihre Isolation wieder mit Freuden.

- Versuchen Sie, für Schwatzhafte spannende Bücher, Illustrierte, Zeitungen aufzutreiben, und drehen Sie den Fernsehapparat schon am Vormittag auf.

- Sie können sich aber auch von einem Hypnotiseur suggerieren lassen: »Ich vernehme zwar die Laute aus dem Mund des anderen, ich verstehe aber nicht ihren Sinn. Also höre ich auch gar nicht hin. Von Zeit zu Zeit sage ich: ›Ja, so was!‹«

Gespräche mit Wirrköpfen

Ihr Gesprächspartner bringt seine Mitteilungen wirr heraus. Eigentlich wollten Sie sagen: »Je länger Sie reden, um so weniger kenne ich mich in dieser Angelegenheit aus.« Aber damit würden Sie den Wirrkopf noch mehr verwirren.

- »Was Sie sagen, scheint wichtig zu sein. Am besten verstehe ich Dinge, wenn ich sie mir in meiner eigenen Reihenfolge aneigne. Erlauben Sie deshalb, wenn ich Fragen stelle:
  Wer hat . . .?
  Was hat er . . .?
  Wann hat er . . .?« usw.
- »Ich würde mir gern dazu Notizen machen. Sagen Sie mir es deswegen ganz klar und kurz, etwa so:
  Wer hat?
  Was hat?
  Wann hat?
  Wo hat?
  Wie hat?
  Warum hat?
  Wie soll's weitergehen?«
- »Können Sie mir dies nicht schriftlich geben? Aber nicht länger als eine halbe Schreibmaschinenseite, bitte.«
- »Verzeihen Sie. Ich war jetzt einen Augenblick mit meinen Gedanken woanders. Fangen wir noch mal von vorne an. Ich stelle Fragen, und Sie beantworten sie. Dann sehen wir gleich, ob ich die Sache richtig verstanden habe.«
- »Sie wissen, diese Materie ist mir etwas fremd. Am besten komme ich da hinein, wenn ich Fragen stelle. Ich darf doch, ja?«

116

- »Ein Psychologe hat festgestellt, daß ich ein Skalagehirn habe. Sie wissen nicht, was ein Skalagehirn ist? Wer ein Skalagehirn hat, kann etwas nur stufenweise begreifen. Ja, leider. Ich muß Sie deswegen fragen: ›Wer hat . . . usw.‹?«

Gespräche mit psychisch Labilen

Es bleibt zwar noch eine Frage der Definition, aber Medizin-statistiker stimmen darin überein, etwa 3,5 % aller Mitteleuropäer sind geisteskrank. In einer Stadt mit 100 000 Einwohnern gibt es also immer einige tausend Menschen, die zur Zeit von der Heilanstalt beurlaubt sind oder dort noch keine Aufnahme gefunden haben bzw. nie in eine geschlossene Anstalt kommen werden, weil sie es aufgrund ihres extremen Wesens und ihres überstarken Trieblebens zu großer Anerkennung gebracht haben und oft als Säulen der Gesellschaft gelten. Viele dieser Exemplare sind nicht gemeingefährlich, sondern nur familien- und arbeitsteamschädlich.

Die Möglichkeit, daß Ihnen so ein Mensch über den Weg läuft, ist also groß. Solche Begegnungen können Ihr Leben bereichern. Dramatisch wird der Fall erst, wenn Sie aus irgendeinem Grund mit einem psychisch Kranken zusammenleben oder zusammenarbeiten müssen. Grundsätzlich geht man »Besoffenen und Verrückten« aus dem Weg. Wir müssen aber nun den Fall durchexerzieren, daß Sie solch einem Menschen nicht entfliehen können, obwohl Sie es dringendst ersehnen. Beginnen wir mit der Spezies der *Aggressiven.*

Da kommt allmorgendlich der Opa an den Frühstückstisch, um den sich bereits Sohn, Schwiegertochter und Enkel gruppiert haben.

»Wie hast du geschlafen, Opa?« fragt die Schwiegertochter, und in ihrer Stimme liegt alles nur Menschenmögliche, den alten Herrn gut zu stimmen.

Statt die Frage zu beantworten, beginnt er zu jammern: »Euch brauche ich erst gar nicht zu fragen, wie ihr geschlafen habt.

Natürlich habt ihr gut geschlafen. Ihr kennt ja das Wort ›Sorgen‹ nicht. Irgendwie scheint ihr Probleme überhaupt nicht zu sehen. Mangel an Intelligenz. Kann wirklich ein Segen sein . . .«

Ähnlich beginnt jeden Morgen der Tag. Alle Versuche, dies zu ändern, scheiterten.

Ein *monomaner* Sexist zum Beispiel läßt keine Möglichkeit zu einer herausfordernden Anspielung aus, obwohl es den Angesprochenen den Magen bei dem Gedanken umdreht, die Worte könnten Wirklichkeit werden.

Ein *Sklerotiker* erzählt immer wieder dieselben Geschichten, stellt immer wieder dieselben Fragen.

Um einen und stets denselben Mittelpunkt dagegen drehen sich die Ausführungen von Menschen, die an einer *Jammerdepression* leiden. Sie sprechen nur über ihre Probleme.

Sie sollten sich die folgenden Worte (die übrigens den verschiedensten Verfassern zugeschrieben wurden) zu Herzen nehmen:

Gott, gib mir die Gelassenheit, Dinge hinzunehmen, die ich nicht ändern kann, den Mut, Dinge zu ändern, die ich ändern kann, und die Weisheit, das eine vom anderen zu unterscheiden.

Selbst die größte Langmut hat ihre Grenzen. Dann kommt der Augenblick, da wir uns beherrschen müssen, um nicht zu explodieren. Diesen Zustand halten wir nicht lange schadlos aus. Entweder leidet unser Organismus darunter (Kopfweh, Migräne, Magen- und Herzbeschwerden, Förderung der Arterienverkalkung usw.), oder wir platzen und leiten damit peinliche, unwürdige Gespräche mit mehr oder weniger unzurechnungsfähigen Zeitgenossen ein, an deren Ende wir wieder ähnlich geladen sind wie vor der Explosion. Also was soll das Ganze?

Wer sich beherrschen muß, gibt zu, daß bestimmte Menschen oder Situationen Macht über ihn ausüben. Solange ich mich beherrschen mußte, um nicht zu rauchen, beherrschten mich die Zigaretten. Erst als sie mir gleichgültig geworden waren, durfte ich mich Nichtraucher nennen.

Was unternehme ich, damit Menschen mit Angewohnheiten, die mich bisher aus dem Häuschen gebracht haben, ihre Macht über mich verlieren? Ich nehme die Haltung einer Krankenpflegerin an. Eine Krankenschwester tritt morgens um 7 Uhr ihren Dienst auf der Station für Kranke an. Sie weiß, was sie erwartet. Sie ist auf einiges vorbereitet, und sie hat gelernt, nie zu vergessen, daß sie es mit Kranken zu tun hat, die sie nicht ändern kann. Wird sich unsere Krankenpflegerin in eine Diskussion mit einer Patientin einlassen, die ihr allmorgendlich erzählt, ihr sei in der vergangenen Nacht Geld gestohlen worden oder der Teufel höchstpersönlich erschienen? Wird sie mit einem Patienten streiten, der sie hundertmal am Tag beschuldigt, daß sie seine Verwandten vergiftet hat, damit sie ihn nicht mehr besuchen können? Wird sie versuchen, einer Kranken ihren Irrtum auszureden, die steif und fest behauptet, der Chefarzt würde alle Frauen schwängern und demnächst auch sie? Die Pflegerin wird ihre Arbeit verrichten, den Kranken weder zustimmen noch widersprechen, sondern in dem ersten Fall sagen: »Sie meinen also, Ihnen ist das Geld gestohlen worden?« Ansonsten wird sie die Äußerungen zum einen Ohr hinein- und zum anderen hinausgehen lassen.

Vielleicht denken Sie sich jetzt: Eine Krankenschwester hat es mit ihr fremden Menschen zu tun, ich aber quäle mich mit einer Schwiegermutter, meinem Vater, meinem Chef ab. Das ist doch etwas ganz anderes!

Nein, das ist nichts anderes. Wenn die Krankenschwester gut zu ihr fremden Menschen sein kann, diese also nicht reizt, ihnen nicht widerspricht, sie nicht korrigiert, dann werden Sie wohl auch zu Ihrem Vater, Ihrer Mutter oder sonst einem Ihnen näherstehenden Menschen gut sein können: Oder fehlt Ihnen hierzu der Wille? Weil Sie gern recht behalten? Sich durchsetzen möchten? Lust am Streit haben? Sich nichts bieten lassen können?

Prägen Sie sich für das Gespräch mit schwierigen Menschen folgende Gedankengänge ein:

- »Ich bin gar nicht gemeint. Redete dieser Mensch jetzt statt mit mir mit einem anderen, würde er ähnliches sagen. Wirklich, nicht *ich* bin gemeint, sondern ich bin nur zufällig da und löse diese krankhaften Reaktionen aus.«

- »Dieser Mensch kann sagen, was er will, es bleibt mir gleichgültig. Er kann mich Mörder, Betrüger, Lügner oder sonstwie nennen, es läßt mich kalt.«
- »Es ist mir völlig gleichgültig, ob dieser Mensch mich tadelt oder lobt.«

Sollten Sie beim Einüben dieser Sätze Ihre Ruhe verlieren, dann beweist dies, daß Ihr Bewußtsein und/oder Ihr Unbewußtes diesen Situationen noch nicht gewachsen ist und Sie Ihre neue Rolle noch nicht akzeptieren. In so einem Fall üben Sie sich an leichteren Aufgaben. So können Sie sich vorstellen, wie jemand Sie grimmig anschaut, ohne daß Sie deswegen Ihre Ruhe verlieren.

Oder wie jemand mit den Fingern ungeduldig und gereizt trommelt, was Sie aber so wenig aufregt, als würde er damit in seiner Nase oder seinem Gehörgang herumbohren.

Zweckmäßigerweise beginnen Sie mit den für Sie leichter zu ertragenden Vorstellungen und gehen nach und nach zu stets schwereren über, bis Sie am Ende so desensibilisiert sind, daß Sie die blödesten, unsinnigsten, unverschämtesten Äußerungen kalt lassen.

Gespräche mit Indiskreten

Ihr Gesprächspartner will Ihnen etwas anvertrauen, was Sie nicht interessiert. Eigentlich wollten Sie sagen: »Ersparen Sie mir diesen Tratsch!« Aber als höflicher Mensch . . .

- »Sagen Sie mir um Gottes willen nichts, über das ich Stillschweigen bewahren muß. Neulich hat mir auch jemand etwas anvertraut. Ich hatte gar nicht mehr daran gedacht, daß ich dies diskret behandeln sollte, und habe es überall erzählt. Ungewollt brachte ich den anderen in ganz erhebliche Schwierigkeiten. Damals schwor ich, mir nichts mehr anvertrauen zu lassen.«

- »Geheimnisse belasten mich. Bitte, erzählen Sie mir diese Angelegenheit nicht.«

- »Da muß ich Ihnen etwas erzählen: Mir hat einmal jemand etwas anvertraut, und ich habe ganz bestimmt nichts weitererzählt. Die Sache kam dann doch raus. Natürlich war's ich, und ich bekam einige Schwierigkeiten. Seitdem lasse ich mir nichts mehr anvertrauen. Sie haben sicher Verständnis dafür?«

- »Wenn es zwei wissen, wissen es alle. Erzählen Sie mir deswegen nichts. Wenn die Sache doch eines Tages rauskommt, dann kann ich es nicht gewesen sein.«

- »Das Geheimnis scheint groß zu sein. Ich empfehle Ihnen dringend, es niemandem anzuvertrauen, auch mir nicht. Ich traue mir selbst nicht.«

- »Ich scheine da etwas eigenartig zu sein. Ich interessiere mich für meinen Kreislauf, mein Gewicht, meine Gesundheit. Das erscheint mir viel wichtiger als die Frage, ob Herr X mehr Frau Y oder mehr Frau Z liebt.«

- »Eigenartig! Sie sagen, alle würden davon sprechen. Und ich habe noch kein Wort darüber gehört. Da ist mir also eine für mich unwichtige Angelegenheit zum Glück erspart geblieben.«
- »Wie doch die Interessen verschieden sind: Sie interessiert das, mich überhaupt nicht.«
- »Verzeihen Sie bitte, aber ein solcher Fall würde mich nicht einmal interessieren, wenn er in meiner eigenen Familie passieren sollte.«
- »Die werden das schon in Ordnung bringen. Ich habe genug eigene Probleme.«
- »Das wäre der Stoff für eine gute Komödie. Dann könnte ich wenigstens darüber lachen. Aber so ist das etwas langweilig und interessiert mich wenig.«
- »Darf ich annehmen, daß Sie mir Gutes wünschen? Ja? Dann ersparen Sie mir bitte diese Nachricht. Was ich nicht weiß, macht mich nicht heiß.«
- »Ich lebe glücklicher, wenn ich dies nicht weiß. Lassen Sie mich glücklich bleiben.«
- »Ich möchte meine Illusionen nicht verlieren. Bitte, nehmen Sie mir nicht mein Spielzeug weg! Das wäre grausam.«
- »Der wird schon Gründe gehabt haben, warum er das gesagt/getan hat. Aber das geht keinen etwas an.«

Gespräche über Abwesende

Ihr Gesprächspartner schimpft über einen Abwesenden und fordert Sie zu einer Stellungnahme auf. Wenn Sie ihm recht geben – vorausgesetzt, daß er Sie nicht auf die Probe stellt –, dann sprechen Sie ihm ganz aus der Seele, eine nicht ungefährliche Politik. Es ist sehr leicht möglich, daß Sie bei nächster Gelegenheit hören müssen: »Der (und das sind Sie) hat auch gesagt . . .« Sie können ferner damit rechnen, daß der Beschimpfte Sie eines schönen Tages fragt: »Wie kommen Sie dazu, das und das über mich zu sagen?«

Widersprechen Sie dem Beschimpfer, verderben Sie es sich mit ihm. Bleiben Sie neutral, ist er auch nicht zufrieden, weil er meint, insgeheim halten Sie zum anderen. Also was tun? Zunächst können Sie die Gesprächsführung des Psychotherapeuten anwenden. Diese geht etwa so:

A erzählt ihm, alle seine Schwierigkeiten kämen von seinem Vater, weil ihn der immer wieder geschlagen hat. Es ist möglich, daß die Schwierigkeiten daher stammen. Sie können aber auch von woanders herkommen. Sagt der Therapeut: »Ja, davon können natürlich Ihre Schwierigkeiten stammen«, dann bestätigt er den Patienten in einer vielleicht falschen Annahme. Sagt er: »Könnten Ihre Schwierigkeiten nicht woanders herkommen?«, glaubt der Patient, der Therapeut nimmt ihn nicht ernst. Von Zeit zu Zeit muß aber der Therapeut etwas sagen, sonst glaubt der Patient, er bekomme nicht die gewünschte Zuwendung. Um sich nicht festzulegen, wiederholt daher der Therapeut jede 4. oder 5. Behauptung des Patienten. Auf obigen Satz könnte er antworten: »Sie glauben also, daß Ihre Schwierigkeiten von den Schlägen herkommen, die Sie in der Jugend bekommen haben?«

Sagt der Patient: »Meine Schwester hat mich schon als Kind immer ausgenutzt. Und jetzt tut sie es erst recht«, dann könnte der Therapeut sich folgendermaßen aus der Schlinge ziehen: »Habe ich Sie richtig verstanden, daß Sie der Ansicht sind, Sie wurden schon immer von Ihrer Schwester ausgenutzt?«

Es kann aber sehr gut möglich sein, daß Ihr Gesprächspartner die Wiederholung seiner Äußerungen, auch wenn Sie diese in Frageform bringen, als Bestätigung seiner Aussagen mißversteht. Und es fällt dann hinterher sehr schwer, Ihre Gesprächsführung zu rechtfertigen.

Probieren Sie es deswegen mit anderen Formulierungen:

- »Sie wissen, ich kenne den Y bei weitem nicht so gut wie Sie. Darum kann ich dazu nichts sagen.«
- »Ihnen liegt diese Angelegenheit natürlich sehr am Herzen. Da sie mich aber nicht betrifft, habe ich mich damit überhaupt nicht beschäftigt und, ehrlich gesagt, möchte ich es auch nicht.«
- »So, Sie haben sich heute auch geärgert. Ich auch, und wie! Fangen Sie am besten erst gar nicht mit Ihrem Ärger an, sonst kommt mir mein Ärger wieder hoch.«
- »Jetzt haben wir uns so lange nicht gesehen. Wollen wir da nicht von etwas Angenehmerem sprechen?«
- »Das ist heute ein verrückter Tag. Wen ich treffe, der hat Ärger gehabt. Sie sind schon der Vierte heute. Ich habe mir geschworen, mir für den Rest des Tages nur noch Angenehmes anzuhören.«
- »Seien Sie mir bitte nicht böse, aber die Situation erinnert mich an meinen Vater/Opa/Onkel. Wenn wir Kinder zu ihm kamen und uns über jemand beschweren wollten, sagte er immer: ›Ich habe so viele eigene Probleme, mit denen ich nicht fertig werde. Ich kann mir beim besten Willen nicht auch noch die anderer Leute anhören‹.«

Gespräche mit Unhöflichen

Da fragte ein Tourist einen Einheimischen: »Sie, sagen Sie mal, welche Straßenbahn fährt zum Bahnhof?«
»Können Sie nicht ›bitte‹ sagen?«
»Nein, lieber lauf ich.«
Dieser Tourist wußte, daß Höflichkeit nicht zu seinen Stärken zählt. Viele wissen es nicht, und dann können sie uns auch nicht beleidigen. Rülpst ein Baby, sind wir über das »Bäuerchen« entzückt. Rülpst ein 66jähriger, tadeln wir ihn: Schließlich weiß er, daß man so etwas nicht tut.
Bevor wir uns über das, was nach unserer Meinung unhöflich ist, ernstere Gedanken machen, sollten wir uns fragen: Steckt Absicht dahinter? Wenn nein, dann geschah es aus Unwissenheit. (Wollen wir uns über Unwissenheit auch noch aufregen?) Wenn ja, müssen wir uns für eine Taktik entscheiden: überhören/übersehen oder eingreifen.
Ich persönlich reagiere nur auf Unhöflichkeiten, die mir schaden, zum Beispiel Unpünktlichkeit, Vergeßlichkeit, Benachteiligungen.

Unpünktlichkeit
Am besten, Sie reagieren bereits beim ersten Vorkommnis:
- »Ach, jetzt kommst du doch noch. Wir haben schon angefangen.«
- »Sie kamen neulich eine halbe Stunde zu spät und sagten, dies tue Ihnen schrecklich leid. Sie kamen heute eine halbe Stunde zu spät und sagten wieder, das schmerze Sie unendlich. Ein drittes Mal werde ich Ihnen keine Gelegenheit geben, meinetwegen zu leiden.«

- »Geht meine Uhr falsch? Ich habe jetzt acht Uhr dreißig. Und du? Auch acht Uhr dreißig. Wir hatten uns doch für acht Uhr verabredet. Oder täusche ich mich?«
- »Warten Sie gern? Nein? Ich auch nicht.«

Vergeßlichkeit
- »Nehmen wir an, du wärst bei der englischen Königin zum Tee eingeladen gewesen, hättest du's dann auch vergessen?«
- »Man vergißt nur das, was einem wenig oder nichts bedeutet.«

Benachteiligung
- »Würden Sie mir bitte erklären, warum ich das nicht auch bekomme?«
- »Steht mir das nicht zu?«
- »Ich lege Wert darauf, das auch bei mir zu berücksichtigen.«
- »Wenn Sie mir weniger geben als abgemacht, werde ich weniger zahlen als abgemacht.«
- »Würden Sie für ein ganzes Kilo bezahlen, wenn Sie nur 900 Gramm bekämen?«

Vielleicht erscheinen Ihnen einige der vorstehenden Formulierungen etwas aggressiv. Absichtlich wählte ich die schärfere Form. Widerstehen Sie allen Anfängen, sich unhöflich behandeln zu lassen, dann brauchen Sie später nicht zu schweren Waffen zu greifen.

Unaufmerksamkeit
Gähnt Ihr Gesprächspartner oder zeigt er andere Merkmale der Unaufmerksamkeit, dann ist es höchste Zeit, daß nicht *Sie* eine Unhöflichkeit begehen, nämlich die, in Ihrem Redefluß fortzufahren. Ich darf niemand verübeln, daß ihn das, was ich zu sagen habe, nicht fesselt. Versuchen Sie, so schnell wie nur möglich das Thema zu wechseln oder zu schweigen. Sagen Sie nicht: »Ich sehe, ich langweile Sie.« Wahrscheinlich wird er Ihnen widersprechen. Sie haben ihn aber trotzdem gelang-

weilt. Und Sie würden ihn weiterhin mit diesem Thema langweilen. Vielleicht langweilt ihn auch Ihre Person. Vielleicht
sind Sie zu geistreich für ihn . . .

Gespräche mit Erpressern

Vielen Menschen entgeht es, wie oft am Tage sie andere erpressen oder zu erpressen versuchen. So zieht der eine bei einem ihm unangenehmen Gesprächsverlauf drohend die Augenbrauen zusammen, während ein anderer mit einem angriffslustig vorgeschobenen Kinn auf die gleiche Situation reagiert. Andere feuern schreiend große Kanonenkugeln ab: »Wenn du das nicht tust, dann verlasse ich dich« und erreichen damit ähnliches, wie es eine zartere Seele mit einem feuchten, Tränen ankündenden Blick erzielt. Ja, auch Signale der Körpersprache können Erpressungen sein, manchmal sogar die gefährlicheren, weil sie schwerer anzugehen sind. Es ist diffiziler zu entscheiden, ob jemand verärgert ist oder nur griesgrämig schaut, als eine offene Erpressung zu überhören.

Verrät die Körpersprache Erpressungssignale, können wir diese geflissentlich übersehen, das Thema zu wechseln versuchen oder aber den Angriff annehmen. Genauso können wir angedeutete verbale Drohungen überhören. Auch für den Umgang mit Erpressern empfiehlt es sich aber, allen Anfängen zu widerstehen und gleich bei der ersten Erpressung zu reagieren.

- »Haben Sie gesagt, Sie werden den Brief nicht schreiben, wenn ich Ihnen nicht alle Vorgänge herausgebe? Ja? Wissen Sie, daß ich dies als einen Erpressungsversuch betrachten muß?«
- »Wenn ich mich nicht irre, verlassen wir jetzt das Terrain der Unterhaltung. Sie haben soeben eine Drohung ausgesprochen.«
- »Wollen Sie mich bedrohen, oder haben Sie dies unbewußt gesagt?«

- »Um von vornherein Klarheit zu schaffen: Ich lasse mich nicht erpressen. Was du soeben gesagt hast, war eine Erpressung.«
- »Ich lasse gern mit mir reden. Mußt du gleich zu Drohungen greifen?«
- »Ich glaube, ich hätte Ihren Wunsch auch dann verstanden, wenn Sie nicht mit einer Drohung gewinkt hätten.«
- »Halten Sie mich für so dickfellig, daß ich erst höre, wenn Sie mir drohen?«
- »Sie sagen, das war keine Drohung. In meinen Ohren klang es zwar so, aber ich akzeptiere Ihre Erklärung.«
- »Sollten Sie nochmals drohen, beende ich sofort das Gespräch.«
- »Sie sagten, daß Sie kündigen, wenn Sie keine Gehaltserhöhung bekommen. Darf ich dann auf Ihre Kündigung warten?«
- »Gut. Du hast mir gedroht, mich zu verlassen. Ich werde dich nicht daran hindern. Ich freue mich, wenn du dableibst – aber in Zukunft wirst du nichts mit Drohungen erreichen.«
- »Habe ich dich so sehr gekränkt, daß du mir drohen mußt? Wäre das nicht auch anders gegangen?«
- »Ist deine Position so schwach, daß du zu Schreien/Toben/Drohungen oder Tränen Zuflucht nehmen mußt?«

Übrigens, die Drohung, Selbstmord zu begehen, ist bei Depressiven stets ernst zu nehmen, wenn sie dieses Vorhaben bisher auch noch nie in die Tat umzusetzen versucht haben.

Menschen und Tiere sind um so unangenehmer, je unberechenbarer sie sind. Zu diesen Unberechenbarkeiten zählt es, aus heiterem Himmel an zurückliegende Fehler, Versäumnisse und andere Peinlichkeiten erinnert zu werden.

Da bittet eine Frau ihren Mann, heute abend nicht allzuviel zu trinken, weil er sich dann gern an Frauen heranmacht und sie belästigt. Was sie damit auslösen kann, zeigt die Anspielung ihres Mannes auf einen einmaligen, Jahrzehnte zurückliegenden Vorfall, den er damals verziehen hat: »Vergiß du nicht, was du dem Erich im Karneval alles erlaubt hast!«

Ob Ironie gegen Drohungen angebracht ist, müssen Sie aus

der Lage des Falles entscheiden. Häufig reizt Ironie einen Er-
zürnten und verschlimmert dadurch die Angelegenheit.

Ein junger Mann drohte seiner Freundin, er werde etwas ganz
Fürchterliches tun, wenn sie . . . usw. Kaum hatte er die Drohung ausgesprochen, als sie sich auch schon an seine Brust ku-
schelte: »So habe ich dich gern, jawohl, so richtig wild! Wenn
ich schon einen Freund habe, dann soll er ein wilder sein!« Da
mußte er dann selbst lachen.

Gespräche mit Kranken

Ein Kranker erwartet Anteilnahme und Zuwendung, gerade wenn es sich um einen sogenannten eingebildeten Kranken oder einen Hypochonder handeln sollte. Diese Menschen leiden und verdienen unsere Aufmerksamkeit, was nicht heißt, daß wir uns von ihnen tyrannisieren lassen müssen. Viele Kranke erzählen gern von ihren Leiden und berichten, was dieser oder jener Arzt gesagt hat. Die Gesunden sollten es sogar über sich ergehen lassen, wenn ihnen der Kranke seine Operationsnarben zeigt.

Erzählt der Kranke immer wieder dasselbe, müssen wir kurz überlegen:

Soll ich ihn darauf aufmerksam machen, daß er mir dies schon viermal eingehend geschildert hat? Dann verärgere ich ihn. Habe ich ihn besucht, um ihn zu verärgern? Nein. Also höre ich es mir noch einige Male an und beschäftige mich inzwischen geistig mit anderen Dingen. Wie? Das lesen Sie in den Kapiteln »Gespräche mit Langweilern« und »Gespräche mit psychisch Labilen«.

Bedenken Sie auch: Wenn Sie dem Kranken zu verstehen geben, daß Sie jetzt genug über seine Krankheit wissen, worüber wollen Sie dann mit ihm reden? Wird das zu erwartende Thema wirklich um einiges spannender sein?

Gespräche mit Depressiven (Jammerdepression) erfordern besonders viel Geduld, weil sich dieselben Klagen endlos wiederholen.

- »Ich weiß, daß es dir schlecht geht und du nicht aus Scherz oder Spaß jammerst. Aber so schlimm, wie du die Lage siehst, ist sie nicht. Deine Krankheit besteht darin, daß du die Welt durch schwarze Brillengläser sehen mußt. Aber so finster ist die Welt nicht. Du kannst es jetzt nicht glauben, aber auch für dich wird sie einmal wieder lachen.«

Falsch wirkt sich Bagatellisieren aus: »So schlimm wird es schon nicht sein.« – »Daran ist noch keiner gestorben.«

Hierbei kann der Kranke die Zuwendung vermissen. Nicht aber bei folgenden Formulierungen:

- »Ich kann mir vorstellen, wie sehr du leidest. Wie dich das schmerzt/wie dich das beunruhigt. Zum Glück hat dein Arzt gesagt, daß es nicht lebensgefährlich ist. Ich weiß, ich hab gut reden, aber ich kann dir leider nichts von deinen Schmerzen abnehmen.«

- »Haben Sie nicht einen Wunsch, den ich Ihnen erfüllen kann? Bitte scheuen Sie sich nicht, ihn zu äußern.«

- »Ich hoffe, es handelt sich um eine der vielen Fehldiagnosen, die auch von großen Fachärzten gestellt werden.«

- »Wenn Ihr Arzt sagt, es besteht Hoffnung, dann dürfen Sie daran glauben. Er ist verpflichtet, die Wahrheit zu sagen.«

- »Ich habe den Eindruck, Sie sehen etwas frischer aus als neulich.«

- »Natürlich können Sie nicht frischer aussehen, Sie liegen den ganzen Tag im Bett. Keine Bewegung, kein Sonnenstrahl.«

Sollten Sie Todkranke und Sterbende pflegen müssen, empfehle ich Ihnen, sich in einer Buchhandlung einen Ratgeber zu besorgen. Vielleicht hilft Ihnen auch der behandelnde Arzt, eine Krankenschwester oder ein Priester weiter.

Gespräche mit Trostsuchenden (außer Kranken)

Unglücklich Verliebte, Verlassene, chronisch Einsame, in berufliche, finanzielle oder eheliche Schwierigkeiten Geratene, von Staatsanwälten oder Finanzbeamten Bedrängte wenden sich gern um Rat an Bekannte und Freunde. In solchen Situationen schmelzen die Herzen der Grimmigsten, und es entsteht dann oft eine Vertrauensbasis, die nicht auf allgemeiner Übereinstimmung der Gedanken, Gefühle und »Geschmäkker« beruht, sondern auf der gegenwärtigen Notlage des einen und auf der Hilfsbereitschaft des anderen.

Sind eines Tages die Gewitter verzogen, lockert sich naturgemäß die Bindung, und manche bedauern dann zutiefst, dem anderen etwas anvertraut zu haben, was einem schaden könnte, falls dieser davon Gebrauch machte. Deshalb sollten solche Gespräche unter folgender Klugheitsregel stehen:

Vertraue auch deinem besten Freund nichts an, was er als dein Feind nicht wissen dürfte (vergl. »Gespräche mit Indiskreten«).

Ich wünsche, daß Ihnen die Erfahrung erspart geblieben ist: Aus besten Freunden werden sehr oft und sehr schnell die größten Feinde.

Wendet sich jemand trostsuchend an Sie, sollten Sie erst einmal analysieren, ob er wirklich Trost braucht oder ob er nicht vielmehr nur sein Herz ausschütten will. Und sein Herz kann man nur ausschütten, wenn man reden darf. Also ersparen Sie ihm Ihre Ratschläge. Stellen Sie eher Fragen, damit er sein Herz und Gehirn soweit wie möglich erleichtern kann.

»Also wie war das? Du hast gesagt . . ., dann hat sie getan . . ., dann hat er . . .«

Und nun setzen Sie sich zurück und hören sich die Ausführungen an.

- »Ich verstehe deinen Schmerz, weil niemand ehrlicher, aufrichtiger, tiefer lieben kann als du. Aber was du jetzt brauchst, ist ein guter Rechtsanwalt, der dich energisch genug vertritt. Denk nicht nur an dich. Dazu wärst du sowieso zu selbstlos. Denk an deine Kinder/deine Firma/deine Angestellten/deinen Ruf. Schildere dem Rechtsanwalt deinen Fall und fordere ihn auf, für dich das Beste herauszuholen.«

Zu einem chronisch einsamen Menschen:

- »Ich kann es dir nicht beweisen, aber ich bin sicher, daß im Umkreis von einigen Kilometern einige tausend Menschen leben, die genau den Menschen suchen, der du bist. Aber wenn du niemandem zu verstehen gibst, daß du jemanden suchst, wie soll man dich da finden? Jetzt überlegen wir einmal: Wie entdecken wir die Leute, die jemanden wie dich suchen.«

Titel

Flechten Sie unter allen Umständen die Titel Ihrer Gesprächspartner in Ihre Sätze ein. Mancher ist schon krank geworden,
daß er nicht der »Herr Ober . . .« wurde, obwohl es ihm finan-
ziell nichts eingebracht hätte. Titel und Orden sind sicht- und
hörbare Signale der Bedeutung, die ihm die Gesellschaft ein-
räumt.

Oft sind Titel und Orden gekauft, häufig müssen sie als Ersatz
für andere Vorteile herhalten. Verdient jemand im Jahr eine
halbe Million, dann ist ihm wenig gedient, wenn sich sein Jahreseinkommen auf 550 000 Mark erhöht. Wird er aber in den
Vorstand einer einflußreichen Aktiengesellschaft gewählt,
dann verzichtet er gern auf 100 000 Mark Mehreinnahmen. Die
Ehre . . . Mit 400 000 Mark Jahreseinkommen lebt es sich wie
mit 600 000 Mark Jahresverdienst. Aber welch ein Unterschied
zwischen einem Vorstandsmitglied und seinem Hauptabteilungsleiter!

Warum plagt sich ein Student nach seinem Staatsexamen noch
einige Zeit ab – oft sind es 2 Jahre –, um zu promovieren? Um
die Wissenschaft mit neuen Erkenntnissen zu beglücken? Nur
ganz wenige Dissertationen haben etwas Neues gebracht. Die
meisten Promotionsarbeiten sind ein Sammelsurium aus 10–20
abgeschriebenen Büchern. (Ich weiß, wovon ich rede, denn ich
habe auch meinen Doktor gemacht.)

Und glauben Sie ja nicht, nur die Österreicher oder die Süd-
deutschen seien auf Titel erpicht. Sie brauchen nicht immer zu
sagen: »Jawohl, Herr Doktor . . .«, »Nein, Herr Direk-
tor . . .« Selbst dort, wo es wenige Titel gibt, etwa im Angel-
sächsischen, hört man folgende Formulierungen gern:

- »Als Aufsichtsrat wissen Sie . . .«
- »Als Frau des Chefs einer großen Aktiengesellschaft . . .«
- »Als Doktor der Wirtschaftswissenschaften ist Ihnen bekannt . . .«

Im übrigen lesen Sie in diesem Zusammenhang das Kapitel »Technik der Anerkennung«.

Der Ton macht die Musik,
und Übung macht den Meister

Sie haben nun dieses Buch gelesen und sich vielleicht die eine oder andere Anregung geholt, eventuell sogar einige Formulierungen unterstrichen, die zu Ihrem Stil passen.

Was aber, wenn Sie tiefer einzusteigen gedenken? Die einfache Antwort: systematisch üben. Solche Übungen könnten sein:

- Sie machen bis auf weiteres an jedem Tag mindestens 3 Menschen ein ehrliches Kompliment. Entweder müßten Sie Einsiedler oder mit Blindheit geschlagen sein, sähen und hörten Sie nicht wenigstens dreimal täglich etwas, was Anerkennung verdient. Ein Wort oder eine Geste genügt.

- Sie reagieren bis auf weiteres auf Ihnen seltsam, wenig wahrscheinlich oder gar unglaubwürdig erscheinende Äußerungen nicht mit Ablehnung, sondern mit Bemerkungen auf der Linie »So habe ich das noch nie gesehen/gehört . . . Da muß ich mal darüber nachdenken.«

- Sie wenden bis auf weiteres die sokratische Fragetechnik an, statt zu kritisieren.

- Sie steuern bis auf weiteres Gespräche mit »vollmundigen« Partnern mit Hilfe der Dämpfungstechnik.

Bis auf weiteres? Ja, so lange, bis diese Techniken in Fleisch und Blut übergegangen sind. Sollten Sie einen gewissen Nachholbedarf an Fertigkeiten haben, wie Sie Ihre Verhandlungen, Diskussionen, Präsentationen oder öffentliche Reden durchschlagender und imagefördernder gestalten, dann holen Sie sich Rat bei Fachleuten, etwa bei Dr. Hubert Regner, dem wissenschaftlichen Leiter des Landesbildungszentrums Schloß Hofen in Lochau bei Bregenz/Österreich.

Diese Institution des Landes Vorarlberg bietet in Zusammen-
arbeit mit der Universität Innsbruck einschlägige Seminare an,
übrigens auch Verhandlungstechniken für Führungskräfte in
Englisch (Methode Suggestopädie = Superlearning).
Adresse: Landesbildungszentrum
          A – 6900 Schloß Hofen bei Bregenz
          Telefon (von der BRD aus): 00 43/55 74/2 42 30
Sollten Sie weitere Fragen haben, meine Adresse:
          Dr. Alfred Bierach
          Am Stäuben 2
          D – 8990 Lindau
          Telefon 0 83 82/2 22 09

Verwendete Literatur:
Bierach, Alfred, Persönliches Image – Schlüssel zum Erfolg,
Düsseldorf – Wien 1980
Carnegie, Dale, Wie man Freunde gewinnt, München 1980
Lay, Rupert, Führen durch das Wort, Hamburg 1985
Lindenthal, Andreas, Die Kunst der Verführung, München
1984
Nicholson, Harald, Diplomatie, Bern 1947
Reiners, Ludwig, Die Kunst der Rede und des Gesprächs,
Bern 1955

Erste Hilfe für Kinder.	Mehr Spaß am Lernen – Mehr Zeit zum Spielen.	Die Ängste unserer Kinder.	Damit der Kindergeburtstag wirklich gelingt.

Diagram
Soforthilfe für mein Kind
Bei Unfällen und Krankheiten
ECON Ratgeber

Günther Beyer
So lernen Schüler leichter
Gedächtnis- und Konzentrationstraining
ECON Ratgeber

Gisela Eberlein
Ängste gesunder Kinder
Praktische Hilfe bei Lernstörungen
ECON Ratgeber

Isolde Kiskalt
Wir feiern eine Kinderparty
Spiele, Rezepte, Zaubereien für 4- bis 10jährige
ECON Ratgeber

Diagram
Soforthilfe für mein Kind
Bei Unfällen und Krankheiten
128 Seiten
200 Zeichnungen
7,80 DM
ISBN 3-612-20115-8
ETB 20115

Beyer, Günther
So lernen Schüler leichter
– Gedächtnis- und Konzentrationstraining –
128 Seiten, 92 Zeichnungen, 49 Übungen
6,80 DM
ISBN 3-612-20001-1
ETB 20001

Eberlein, Gisela
Ängste gesunder Kinder
– Praktische Hilfe bei Lernstörungen –
158 Seiten
7,80 DM
ISBN 3-612-20010-0
ETB 20010

Kiskalt, Isolde
Wir feiern eine Kinderparty
Spiele, Rezepte, Zaubereien für 4- bis 10jährige
Originalausgabe
128 Seiten
86 Zeichnungen
7,80 DM
ISBN 3-612-20102-6
ETB 20102

Das Buch
Wie wäscht man eine Wunde aus? Wie behandelt man Verbrennungen? Wie wird ein Finger verbunden? Was macht man bei Knochenbrüchen? Wie entfernt man einen Splitter? Was gehört in den Erste-Hilfe-Schrank? Was macht man bei Hautinfektionen?
Auf diese und viele andere Fragen gibt das Buch klare Antworten, erklärt durch über 200 Zeichnungen. Es sagt den Eltern, wie sie sich bei Kinderkrankheiten und anderen kindlichen Problemen verhalten sollen, bei Blinddarmreizung und Ohrinfektionen, bei Schock und in vielen anderen Fällen.
Dieses Buch wurde in Zusammenarbeit mit dem Deutschen Roten Kreuz erstellt und ist Begleitbuch in einer ZDF-Fernsehreihe.

Das Buch
Mangelhafte Konzentrationsfähigkeit und schlechtes Gedächtnis sind oft die Ursachen für ungenügende Leistungen in der Schule. Dieses Buch schafft Abhilfe: Kinder zwischen 8 und 15 Jahren erfahren, wie sie mit einfachen Lerntechniken ihr Gedächtnis schulen und ihre Konzentrationsfähigkeit erhöhen können, um besser zu werden, Spaß am schnellen Lernen zu finden und damit mehr Zeit zum Spielen zu haben.
Übungen und Kontrolltests helfen, Können und Leistungen zu steigern.

Der Autor
Günther Beyer ist Gründer des Eltern-Schüler-Förderkreises Nordrhein-Westfalen. Er leitet ein eigenes Institut für Creatives Lernen.
Im ECON-Verlag erschienen seine Ratgeber „Creatives Lernen", „Gedächtnis- und Konzentrationstraining" und „Superwissen durch Alpha-Training".

Das Buch
Jedes Kind kämpft mit unbewußten Ängsten, die es in irgendeiner Form hindern, zwanglos fröhlich, aktiv und spontan zu sein. Nervosität, Schlafstörungen, Kontaktschwierigkeiten, ja sogar Asthma, Stottern, Bettnässen sind Folgen dieser Ängste, die durch gezielt angewendete psychologische und pädagogische Entspannungsübungen behoben werden können. Wie, das zeigt dies Buch.

Die Autorin
Dr. med. Gisela Eberlein lehrt in eigener Praxis, in Seminaren und Arbeitsgemeinschaften autogenes Training. Besonders bei Kindern erzielte sie über psychologisch und pädagogisch fundierte Entspannungsmethoden große Erfolge.

Das Buch
Wichtig für eine Kinderparty ist die richtige Vorbereitung. Essen und Trinken, Spiele und Gewinne müssen geplant werden. Dazu findet man in diesem Buch zahlreiche Anregungen und Vorschläge.

Aus dem Inhalt
Vorbereitungen zur Party · Rezepte für Kindergetänke, Gebäck und kleines kaltes Büfett · Bekannte und weniger bekannte Spiele (mit Altersangabe) · Kleine Zaubereien für die Erwachsenen · Zum Ausklang des Festes: eine Tombola.

Die Autorin
Isolde Kiskalt ist Schriftstellerin und bringt hier ihre Erfahrungen, die sie bei Festen für ihre Tochter gewonnen hat.

Naturheil-methoden und heimliche Krankmacher.	*Biomedizin – die natürliche Alternative.*	*Nie mehr Verstopfung.*	*Krankheiten erkennen und selbst behandeln.*

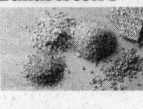

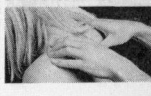

Alexander, Maximilian
Die (un)heimlichen Krankmacher
– Erkennen, Heilen, Vorbeugen –
Originalausgabe
144 Seiten
9,80 DM
ISBN 3-612-20039-9
ETB 20039

Alexander, Maximilian/Zoubek, Eugen
Schmerzfrei durch Biomedizin
– Neue Naturheilmethoden –
143 Seiten
6,80 DM
ISBN 3-612-20000-3
ETB 20000

Leibold, Gerhard
Gesund und fit durch Ballaststoffe
Originalausgabe
140 Seiten
5 Zeichnungen
7,80 DM
ISBN 3-612-20082-8
ETB 20082

Bierach, Alfred
Reflexzonentherapie
– Krankheiten erkennen und selbst behandeln –
123 Seiten
89 Zeichnungen
46 Fotos
6,80 DM
ISBN 3-612-20002-X
ETB 20002

Das Buch
Die verborgenen Krankheitsursachen sind das große Handicap der konservativen Schulmedizin, die Krankheitssymptome werden mit höchst bedenklichen Mitteln der Chemie unterdrückt.
Die moderne Naturmedizin aber geht auf den Menschen als Ganzes ein und hilft, Störfelder, vergiftete Stoffwechsellagen, Wirbelsäulenveränderungen, nervale Blockaden, Lymphstauungen, Psychotoxine, Blutdruck, Durchblutungsstörungen, Sauerstoffmangel, Allergien, Wetterfühligkeit und Therapieschäden zu normalisieren. Ein Krankheits- und Heilmittelregister schließt das Buch ab.

Der Autor
Maximilian Alexander arbeitet seit vielen Jahren als freier Journalist und Schriftsteller. Seine Spezialgebiete sind Medizin und Naturheilkunde.

Das Buch
Akute und chronische Schmerzzustände sind das Schicksal vieler Menschen und können oft einen Lebensweg beeinflussen und prägen. Die Biomedizin bietet eine natürliche Alternative zu den herkömmlichen Schmerzmitteln.
Wirksame Präparate, auf rein biologischer Basis hergestellt, helfen Schmerzen ohne schädliche Nebenwirkungen überwinden, mobilisieren Eigenkräfte und setzen einen natürlichen Heilungsprozeß in Gang. Anhand zahlreicher Praxisbeispiele zeigen die Autoren, mit welchen Mitteln der modernen Naturmedizin der Mensch Krankheiten und Schmerzen vorbeugen und sich selbst erfolgreich behandeln kann.

Die Autoren
Maximilian Alexander arbeitet seit vielen Jahren als freier Journalist und Schriftsteller. Seine Spezialgebiete sind Medizin und Naturheilkunde. Eugen Zoubek ist Homöopath und Arzt.

Das Buch
Ballaststoffe sind wichtige Bestandteile der menschlichen Nahrung. Der Autor schildert die Notwendigkeit der Verwendung und die Gefahren für die Gesundheit bei Mangel an Ballaststoffen.

Aus dem Inhalt
Was sind Ballaststoffe? · Natürliche Ballaststoffquellen · Stuhlgang ohne Probleme · Regulierung der Blutfett- und Blutzuckerwerte · Vorbeugung von Krebskrankheiten · Krank durch Ballaststoffmangel · Richtige Ernährung · Rezepte für ballaststoffreiche Ernährung.

Der Autor
Gerhard Leibold ist erfahrener Heilpraktiker und Autor zahlreicher Sachbücher.

Das Buch
Geistige Anspannung und körperliche Verkrampfung führen oft zu Verhärtung oder Knötchen, da von den inneren Organen Reflexbahnen zur Körperdecke laufen, die diese verändern. Durch Reflexzonenmassage kann man über bestimmte Gebiete der Körperdecke auf innere Organe einwirken, Schmerz lindern oder heilen.
Die exakte Bebilderung in diesem Buch zeigt, welche Körperzonen bei welchen Erkrankungen behandelt werden sollen.

Der Autor
Alfred Bierach leitet eine eigene Praxis für Psychotherapie und Naturheilkunde am Bodensee. Seit Jahren wendet er Reflexzonenmassage erfolgreich an.

AIDS wurde zum Schrecken der Welt.	*Jeder 5. Deutsche reagiert allergisch.*	*Rheuma: Die Geißel Nummer 1.*	*Jede dritte Frau leidet unter Orangenhaut.*

Karl Heinz Reger Petra Haimhausen

AIDS

Die neue Seuche des 20. Jahrhunderts

ECON Ratgeber

Wolf Ulrich

Allergien sind heilbar

Hilfe bei Heuschnupfen und anderen allergischen Krankheiten

ECON Ratgeber

Maximilian Alexander

Rheuma ist heilbar

Neueste Naturheilmethoden

ECON Ratgeber

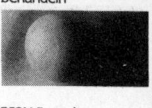

Wolf Ulrich

Zellulitis ist heilbar

Orangenhaut – vorbeugen und selbst behandeln

ECON Ratgeber

Reger, Karl Heinz/
Haimhausen, Petra
AIDS
– Die neue Seuche
des 20. Jahr-
hunderts –
134 Seiten
8,80 DM
ISBN 3-612-20084-4
ETB 20084

Das Buch
Dieses Buch soll Auf-
klärung schaffen, es
offenbart alles, was
heute über diese ver-
hängnisvolle Krank-
heit und ihre Entste-
hung bekannt ist.

Aus dem Inhalt
Fünf Schicksale, die
am Beginn einer neu-
en Epidemie stehen ·
So kann AIDS entste-
hen · Wie AIDS in
den Körper gelangt ·
Krankheitserreger,
die für AIDS-Kranke
tödlich sein können ·
Was Ärzte heute ge-
gen AIDS tun können ·
Wie AIDS-Gefährde-
te sich schützen kön-
nen.

Die Autoren
Karl Heinz Reger ist
Journalist und Sach-
buchautor medizini-
scher Themen.
Dr. med. Petra Haim-
hausen ist Ärztin.

Ulrich, Wolf
*Allergien
sind heilbar*
– Hilfe bei Heu-
schnupfen und
anderen allergischen
Krankheiten –
159 Seiten
14 Zeichnungen
8,80 DM
ISBN 3-612-20023-2
ETB 20023

Das Buch
Tränende Augen,
Schnupfnase, ge-
schwollene Schleim-
häute oder absinken-
der Blutdruck sind ty-
pische Symptome für
Allergien, die ausge-
löst werden können
durch Pilzsporen oder
Pollen, durch Medi-
kamente, Mehl, ver-
schiedene Fasern,
Milch, Obst, Fisch
oder Eier. Beschrie-
ben wird, welche
Krankheitsbilder mit
welchen Symptomen
allergisch bedingt
sind, welche Diagno-
semethoden es gibt,
welche Vor- und Nach-
teile sie haben und
wie Allergien behan-
delt werden können.

Der Autor
Dr. med. Wolf Ulrich
ist Medizinjournalist
und Verfasser ande-
rer Bücher. Im ECON-
Verlag erschienen sei-
ne Ratgeber „Schmerz-
frei durch Akupressur
und Akupunktur",
„Zellulitis ist heilbar"
und „Haare pflegen
und erhalten".

Alexander, Maxi-
milian
Rheuma ist heilbar
– Neueste Natur-
heilmethoden –
142 Seiten
7,80 DM
ISBN 3-612-20017-8
ETB 20017

Das Buch
Mindestens vier Pro-
zent der Menschheit ist
an Rheuma erkrankt.
Die herkömmliche Me-
dizin hat diese Krank-
heit mit ihren verhee-
renden Folgen für Pa-
tient, Staat und Volks-
wirtschaft nicht in den
Griff bekommen kön-
nen.
In diesem Buch wer-
den hochwirksame Na-
turheilmethoden ge-
gen den gesamten
Rheumakomplex dar-
gestellt. Bei konse-
quenter Anwendung
kann mit Naturheilmit-
teln dieses Leiden ge-
lindert werden, eine
neue Hoffnung besteht
zurecht.

Der Autor
Maximilian Alexander
arbeitet seit vielen
Jahren als Medizin-
journalist.

Ulrich, Wolf
Zellulitis ist heilbar
– Orangenhaut vor-
beugen und selbst
behandeln –
128 Seiten
51 Fotos
6,80 DM
ISBN 3-612-20012-7
ETB 20012

Das Buch
Zellulitis ist heilbar!
Der Autor erklärt, wie
Zellulitis entsteht, und
schildert, wie man Zel-
lulitis erfolgreich vor-
beugen kann und sie
heilt. Er entwickelte ein
mehrstufiges Anti-
Zellulitis-Programm,
mit dem er durch Le-
bensführung, richtige
Ernährung, Sport und
Gymnastik, Massage,
Medikamente und
viel Geduld in zehn
Wochen diese häßli-
che Krankheit heilen
kann. 51 Fotos erläu-
tern sein Programm
und erleichtern dem
Leser, es alleine
durchzuführen.

Der Autor
Dr. med. Wolf Ulrich
ist Facharzt für Haut-
krankheiten.

Das Buch

Eine der besten Kennerinnen der alten chinesisch-japanischen Weisheiten des Zen-Buddhismus verhilft dem Leser – von der Hausfrau bis hin zum Top-Manager – zu einem neuen Verständnis seiner selbst. Sie beschreibt, wie man durch Bewußtwerdung ganz alltäglicher Tätigkeiten und Verrichtungen – wie Gehen, Stehen, Laufen, Essen, Arbeiten – sein Leben und seine Persönlichkeit eindringlicher und bejahender erlebt und erfaßt, wie man sich von Angst, Zerrissenheit, Selbstentfremdung und aus innerer Einsamkeit löst und dadurch neue Lebenskraft schöpft.

Die Autorin

Marie-Luise Stangl leitet im Odenwald, zusammen mit ihrem Mann Dr. Anton Stangl, seit vielen Jahren Seminare zur Persönlichkeitsbildung durch Entspannungstechniken.

Das Buch

Ohne Bewußtsein können wir nichts von unserem Dasein als Mensch wissen. Transzendentale Meditation führt den Menschen wieder in die Bereiche des Seelisch-Geistigen zurück und erschließt ihm sein inneres Reich und ein Bewußtsein, in dem Liebe, Glück und Würde ihren angestammten Platz einnehmen können.

Der Autor

Bernhard Müller-Elmau leitet Schloß Elmau am Wetterstein, das sein Vater als Stätte geistiger Erholung geschaffen hat. Er beschäftigt sich seit vielen Jahren mit Transzendentaler Meditation. Während eines Studienaufenthaltes in Indien traf er Maharishi Mahesh Yogi, der dies erste deutsche Buch über Transzendentaler Meditation gut geheißen hat.

Das Buch

Die Lehre von den Chakren – eine indische Lehre – handelt von den menschlichen Kraftzentren, den Zentren, in denen der Mensch die Schwingungen seiner Lebensenergie oder Lebenskraft aus dem Kosmos, der unmerklichen Quelle seines Seins aufnimmt. Dieses Buch soll dem Leser helfen, bewußter zu leben, sein Denken und Fühlen im Hier und Jetzt zu zentrieren, sich zu entspannen, Zuversicht, Vertrauen, Frieden und Liebe zu finden.

Die Autorin

Marie-Luise Stangl ist Entspannungspädagogin. Sie leitet seit vielen Jahren, zusammen mit ihrem Mann Dr. Anton Stangl, Seminare zur Selbsterfahrung und Selbstverwirklichung durch Eutonie und Zen.

Das Buch

Durch vertiefte Entspannung im Schlaf schlank werden, dies ist eine neue Methode, die all jenen zu empfehlen ist, die ohne Mühe schlank werden und endlich wieder ihr Normalgewicht erreichen wollen. Im Zustand tiefster Entspannung suggeriert der Mensch seinem Unterbewußtsein ein verändertes Ernährungsprinzip und kann so bei Bewußtsein mühelos den neuen Weg einhalten. Eine wissenschaftliche und praxiserprobte Methode, die in psychosomatischen Kliniken angewandt wird.

Der Autor

Dr. Alfred Bierach, Psychotherapeut und Naturheilkundler, ist in eigener Praxis am Bodensee tätig. Mit der SIS-Methode hat er vielen Patienten geholfen, schlank zu werden.

Das Standardwerk der biologischen Küche.	*Gesunde Ernährung für körperliches und seelisches Wohl.*	*Endlich! Die Diät, die Spaß macht.*	*Schnäpse und Liköre – Auch ein Stück Gesundheit?*

Helma Danner
Biologisch kochen und backen
Das Rezeptbuch der natürlichen Ernährung
ECON Ratgeber

Ilse Sibylle Dörner
Das grüne Kochbuch
Handbuch der naturbelassenen Küche
ECON Ratgeber

Ilse Sibylle Dörner
Diät mit Bio-Kost
Schlank, gesund und fit
ECON Ratgeber

Katharina Buss
Leib- und Magenelixiere
Selbstgemachte Liköre und Schnäpse
ECON Ratgeber

Danner, Helma
Biologisch kochen und backen
– Das Rezeptbuch der natürlichen Ernährung –
288 Seiten, 8 Farbtafeln, 425 Rezepte
14,80 DM
ISBN 3-612-20003-8
ETB 20003

Dörner, Ilse Sibylle
Das grüne Kochbuch
– Handbuch der naturbelassenen Küche –
270 Seiten
20 Zeichnungen
382 Rezepte
12,80 DM
ISBN 3-612-20026-7
ETB 20026

Dörner, Ilse Sibylle
Diät mit Bio-Kost
– Schlank, gesund und fit –
Originalausgabe
189 Seiten
16 Zeichnungen
232 Rezepte
9,80 DM
ISBN 3-612-20019-4
ETB 20019

Buss, Katharina
Leib-u. Magenelixiere
– Selbstgemachte Liköre u. Schnäpse –
Originalausgabe
144 Seiten
30 Zeichnungen
4 Farbtaf., 167 Rezepte
8,80 DM
ISBN 3-612-20018-6
ETB 20018

Das Buch
Natürliche Ernährung ist nicht nur gesund, sondern auch wohlschmeckend, durch sie können Krankheiten geheilt, gelindert und verhindert werden: Karies, Paradontose, Erkrankung des Bewegungsapparates, Zuckerkrankheit, Leber-, Gallen-, Nierenerkrankungen, Beschwerden der Verdauungsorgane, Gefäßerkrankungen u. v. a. m. Naturbelassene Ernährung bringt dem Menschen neuen Schwung, Elastizität, Ausdauer und hohe Konzentrationsfähigkeit, sie erhält ihn gesund und schlank.
Die Rezepte in diesem Buch sind praxiserprobt.

Die Autorin
Helma Danner ist Gesundheitsberaterin. Sie beschäftigt sich seit vielen Jahren mit der wissenschaftlichen und Laienliteratur auf dem Ernährungssektor, mit neuesten und alten Gesundheits- und Kochbüchern.

Das Buch
Das Handbuch der naturbelassenen Küche beweist mit über 380 Rezepten, daß man gesund leben und trotzdem köstlich essen kann.
Modernes Kochen mit frischen und gesunden Lebensmitteln, die schonend, selbst für schmackhafte Speisen, verarbeitet werden – unter dieser Maxime steht das grüne Kochbuch mit seinen vielen praxiserprobten Rezepten, Anleitungen, Tips und Ratschlägen zur naturbelassenen Küche. Es zeigt aber auch, daß Kochen nicht erst am Herd beginnt: Joghurt und Käse, Gemüse und Kräuter aus eigener Produktion bereichern jeden Tisch.

Die Autorin
Ilse Sibylle Dörner schreibt als freie Journalistin u. a. für die Zeitschrift „Feinschmecker". Sie ist Autorin mehrerer Kochbücher.

Das Buch
Bio-Diät ist eine neue, gesunde Möglichkeit, schlank zu werden und schlank zu bleiben. Köstliche Rezepte, eine Einführung in die Kräuter-und Keimlingszucht, Bio-Kosmetik und Bio-Medizin verleiten den Leser, sofort anzufangen und ohne Qual und zeitliche Begrenzung seinem Körper etwas Gutes zu tun, ihn schlank und fit zu halten.

Die Autorin
Ilse Sibylle Dörner schreibt als freie Journalistin u. a. für die Zeitschrift „Feinschmecker". Sie ist Autorin mehrerer Kochbücher, u.a. „Das grüne Kochbuch", ein Standardwerk für die alternative Küche.

Das Buch
Äbte, Padres und Nonnen durften keinen Alkohol zu sich nehmen, und doch haben sie die besten Rezepte für die Zubereitung von Kräuterlikören und Schnäpsen zusammengestellt.
Viele der alten Klöstertränke sind hier in etwa 200 Rezepten aufgenommen. Für jeden Geschmack und für die Gesundheit obendrein ist etwas dabei. Eine Tabelle über die Reifezeiten von Früchten und Kräutern erleichtern die jährliche Planung der eigenen Herstellung.

Die Autorin
Katharina Buss ist Lebensmitteljournalistin, sie schreibt u. a. für den „Feinschmecker". Die Rezepte hat sie selbst ausprobiert.